Fritz Gschnait

Ich glaub', mein Kielschwein pfeift

Fritz Gschnait

Ich glaub', mein Kielschwein pfeift

Heitere Tips für den Segeltörn

Delius Klasing Verlag

Die Deutsche Bibliothek – CIP-Einheitsaufnahme

Gschnait, Fritz:
Ich glaub', mein Kielschwein pfeift: heitere Tips für den Segeltörn
Fritz Gschnait. – Bielefeld: Delius Klasing, 1996
ISBN 3-7688-0959-5

ISBN 3-7688-0959-5

© by Delius, Klasing & Co., Bielefeld
Einbandillustrationen und Zeichnungen: Uwe Wulf
Einbandgestaltung: Ekkehard Schonart
Gesamtherstellung: Druckerei Runge GmbH, Cloppenburg
Printed in Germany 1996

Inhalt

Eine Pulle ist kein Ruder

Vom rechten Umgang mit der Seglersprache

Segler gehören zu jenen auserlesenen Gruppen von Menschen, die über eine eigene Sprache verfügen. Sie haben dies unter anderem mit Jägern, Ärzten und Beamten gemein. Wenn ein Jäger „Schwanz" meint, sagt er je nach Situation „Rute", „Pinsel" oder auch „Bürste"; wenn ein Arzt jemanden für völlig vertrottelt hält, so wird man die Vokabel „decerebriert" hören, und wenn ein guter Beamter nach ausgiebiger und entsprechend lange dauernder Prüfung einer Angelegenheit zur Meinung gelangt, daß er unter Bedachtnahme auf alle zutreffenden Vorschriften und unter Einschließung der Erlässe von rund 33 Behörden die Sache nun endlich genehmigen könne, so sagt er dies nicht einfach, sondern er formuliert, „die Sache ist nicht untersagt".

Wir Segler sind da nicht viel besser. Meinen wir links, sagen wir je nach Situation „Backbord", „querab" oder „Lee". Das soll einer verstehen. Ja, und genau das scheint der Sinn der für den Laien unverständlichen Sprachen von Jägern, Medizinern, Beamten und Seglern zu sein. Man soll sie gar nicht verstehen.

Nach meiner Erfahrung ist es bei Seglern nicht anders als bei Jägern, Ärzten und Beamten. Je unverständlicher sie sich ausdrücken, um so schlechter verstehen sie ihr Handwerk.

Allerdings sollte man auf die Seemannssprache auch nicht ganz verzichten, denn völlig ohne diese geht es natürlich auch nicht. Man benötigt gewisse Grundbegriffe aus folgenden Gründen:

- Zur einfacheren Verständigung
- Zum Abheben vom Alltag
- Zur Verschleierung gewisser Tatsachen

Die Verständigung auf See klappt mit ein paar Spezialvokabeln einfach besser. Wie kompliziert wäre es doch dem Steuermann die Anweisung zu geben, den Bug des Schiffes ein wenig mehr in Richtung des wahren Windes zu bewegen, einfacher ist, man sagt „anluven". Ebenso mühsam wäre es, müßte der Skipper zu seinem Navigator sagen: „Bitte, trage den Punkt unseres gefahrenen Kurses ein mit der vom Geschwindigkeitsmesser angegebenen Geschwindigkeit unter Berücksichtigung der Tatsache, daß wir durch den Wind und die Eigenbewegung des Wassers nicht mehr dort sind, wo wir sonst wären." Kürzer und präziser ist die Anweisung: „Zeichne den Koppelort."

Das Abheben vom Alltag sollte man auch nicht vergessen. Wer nach fünfeinhalb Tagen schwerer Arbeit Samstag auf sein Boot kommt, fühlt sich einfach vom Alltag besser abgehoben, wenn er zu einem Stück Schnur „Tauwerk" und zu einer Schlinge „Palstek" sagen kann.

Zur Verschleierung gewisser Tatsachen eignet sich die Seglersprache ganz hervorragend. War man beispielsweise so blöd und hat bei der Navigation vergessen auf die Wassertiefe zu achten mit dem Erfolg, daß der Kiel des Bootes sich in den Grund bohrte, muß man seine nautischen Mängel in der Kneipe nicht unbedingt zugeben, sondern kann den Grund selbst ein wenig verächtlich machen indem man sagt: „Und dann bin ich plötzlich auf Schiet gesessen."

Wenn man nun die Seemannssprache verwendet, sollte man aber sorgfältig darauf achten, keine Fehler zu begehen. Vermeide es also unbedingt, zu einer „Flagge", die du niederholen sollst „Fahne" zu sagen, weil eine Fahne beim Segeln ausschließlich aus dem Mund nach Alkoholgenuß kommen kann.
Sage zu dem Gerät, mit dem du das Beiboot bewegst, nie „Ruder", ein kleines Beiboot hat kein Ruder, was du meinst ist der „Riemen".
Die Seemannssprache muß also – wenn man nicht als Ignorant gelten will – ständig geübt und nochmals geübt werden. Sag also niemals zu deinen Freunden, sie mögen dir die Flasche geben; an Bord ist das keine Flasche sondern die Pulle. Wenn du nun aus der Flasche trinkst, sage ja nicht pullen, denn darunter versteht der Seemann rudern. Und

wenn du einmal gezwungen bist, in deinem Beiboot zu pullen, weil der Außenborder defekt ist, dann tust du dies natürlich nicht mit der Pulle, sondern mit dem Riemen. Ganz schön kompliziert, nicht?

Überlege dir auch genau, ob du das Herannahen eines Großschiffes meldest. Man wird dich sofort fragen: „Wo ist es?" Wenn du nun antwortest, „da vorne links", ist das nicht besonders gut. Fällt dir also nicht ein, ob links „steuerbord" oder „backbord" ist, warte noch ein wenig; „querab" merkt man sich leichter.

Solltest du vielleicht einmal Skipper sein, empfehle ich dringend, vor allem die seemännischen Befehle korrekt zu geben. Du kannst noch so ein netter, demokratischer und lieber Skipper sein, sagst du zur Mannschaft statt, „heißt auf Groß", „Kinder, zieht doch mal bitte das hintere Segel hoch", klingt das so besonders nicht. Auch die höfliche Bitte an die Crew beim Ablegen, „doch mal die Schnüre da vorne loszubinden", statt des Befehls „Vorleinen los!" wird dir vom Skipper des Nachbarbootes ein mitleidiges Lächeln eintragen.

Ich empfehle auf jeden Fall, dir einige Ausdrücke einzuprägen, die sonst niemand weiß; du kannst damit jederzeit deine Verbundenheit mit der See zum Ausdruck bringen und beweisen, daß deine lieben Freunde und Mitsegler noch ein wenig zu lernen haben.

Hast du zum Beispiel beim Steuern nicht aufgepaßt und die Fock killt, dann kannst du ein wenig verärgert schimpfen: „Verflucht, der Wind krimpt!" Wer weiß denn schon was „krimpen" ist. Kein Mensch wird nun mehr zu dir sagen, du solltest beim Steuern besser aufpassen, man wird dich als wirklichen Spezialisten ansehen.

Bist du der Navigator, und es gelingt dir nicht, den in der Ferne blinkenden Leuchtturm zu erkennen, mußt du noch lange nicht zugeben, daß du zu blöd bist, um Kennung und Wiederkehr zu bestimmen. Ich empfehle auf englisch zu sagen: „Die identification (sprich: eidentifikäschen) ist noch nicht klar." Man wird vertrauensvoll zu dir aufblicken.

Was nun die Zahlen in der Seemannssprache angeht, so existieren für den gestandenen Skipper die Ziffern 1 bis 8 nicht. Die Windstärke, bei der man jemals gesegelt ist, sollte zumindest bei 9 beginnen, und wenn man statt Windstärke „Beaufort" sagt, klingt das noch professioneller. Also Mast- und Schotbruch und aufpassen, wenn der Wind krimpt!

Der nächste Sommer kommt bestimmt

Von den Risiken des frühen Charterns

Glücklich sind die Besitzer eines eigenen seegehenden Bootes! Solche auserlesenen Menschen können dieses Kapitel getrost überblättern. Sie müssen ja nicht buchen und sich mit Vercharterern abgeben. Wahrscheinlich sind Sie aber gar kein Besitzer eines eigenen Bootes, sonst würden Sie zum Lesen amüsanter Segelliteratur gar keine Zeit haben, weil Sie Ihr Boot reparieren müssen. Sind Sie jedoch beides, Besitzer einer seegehenden Yacht und Leser dieser Geschichten – ja, dann sind Sie wirklich zu beneiden. Sie haben dann nämlich ein brandneues Boot, an dem es noch nichts zu reparieren gibt oder – eine außergewöhnliche Ehefrau.

Die Tourismusbranche und mit ihr die zahlreichen Vercharterer von Segelbooten sind in mancher Hinsicht wirklich einmalig. Was würden Sie zum Beispiel von einem Restaurantbesitzer halten, der, kurz nachdem Sie den letzten Bissen verdrückt haben, von Ihnen verlangt, gleich den Tisch für Ihren nächsten Besuch im Restaurant zu bestellen und möglichst auch anzugeben, ob Sie Schnitzel oder Sauerbraten essen möchten? Oder wurden Sie jemals dazu angehalten, nach einem Opernbesuch gleich die Karten für die nächste Vorstellung zu kaufen? Nur beim Chartern ist es so ähnlich. Segeln ist eben etwas Besonderes.

Wohin sollen wir nächstes Jahr segeln? Diese ungemein wichtige Frage – hängt doch von ihr unser ganzes Sein als Seeleute ab – beschäftigt einen spätestens am Ende des Sommers, meist dann, wenn wir gerade mehr oder weniger erfolgreich von einem Törn nach Hause gekommen sind. Ihr fragt, warum man sich mit der Beantwortung dieser Frage nicht zumindest bis in den mittleren Frühling Zeit lassen kann? Die Antwort besteht aus einem einzigen Wort, dessen ganze Tragweite

„Schön blöd', auf dieses preiswerte Charterangebot aus Alaska hereingefallen zu sein."

nur der verstehen kann, der schon einmal in der Verlegenheit war, ein Schiff zu chartern. Das Wort heißt „Frühbucherrabatt".

Ein Schiff für einen wunderschönen Abenteuerurlaub, fern der Massen in türkisblauen Buchten, an weißen Stränden, in fernen, schöneren Landen zu chartern kostet leider das, wovon die Menschheit immer zu wenig hat, nämlich Geld. Relativ viel Geld.
Auf der anderen Seite haben die Vercharterer Schiffe zum Verchartern. Relativ viele Schiffe. Und was Wunder, die Vercharterer wollen ihre Schiffe auch verchartern. Sie legen daher bereits im Herbst für das Folgejahr ein Lockmittel, eine Art Köder aus, den sie als „Frühbucherrabatt" bezeichnen. Wer noch im „alten" Jahr für das neue Jahr bucht erhält, sage und schreibe, 5%!
Nun, wer noch immer nicht überzeugt ist, sich spätestens im Oktober zu überlegen, wo er in elf Monaten, also im September des nächsten Jahres, hinfahren möchte, der spreche anläßlich der alljährlichen

Chartermesse mit einem professionellen Vercharterer. Es beginnt meist sehr gemütlich: man erhält ein Glas mit einem Getränk (ich persönlich konnte das Getränk meist nicht genau definieren, aber das mag an mir liegen), man wird gefragt, wie es einem denn so gehe und wie die Segelsaison war. Dann wird man in die Geheimnisse des Frühbucherrabattes eingeweiht. Wer nicht spätestens jetzt seinen Kugelschreiber zückt und unterschreibt, der wird freundlich, aber in aller Deutlichkeit darauf hingewiesen, daß ein noch längeres Zögern die Sache nicht nur um 5% teurer macht, man bekommt dann leider, leider auch nicht mehr das Schiff, das man so gerne gehabt hätte, weil, ja weil es eben klügere und schneller entschlossene Charterer gibt, die natürlich die besten Boote wegchartern.

Wer nun glaubt, die üblen Tricks der Vercharterer zu kennen, der kann versuchen zu warten bis in besagtes Frühjahr. Er geht da frohgemut neuerlich zum Vercharterer, in der Hoffnung ein Schiff chartern zu können – immerhin ist es ja noch vier Monate Zeit bis zum Urlaub. Aber nun lernst du die ganze Ehrlichkeit der Charterbranche kennen. Du bekommst nun tatsächlich keinen Frühbucherrabatt mehr (weil die nervenschwächeren Segler eben alle schon vor einem halben Jahr gechartert haben), und du bekommst tatsächlich auch nicht mehr das Schiff, das du gerne wolltest (weil die nervenschwächeren Segler... siehe oben).

Du hast nun drei Möglichkeiten:
1. Du bleibst zu Hause.
2. Du buchst einen Surf-Urlaub, oder Tauch-Urlaub, oder Berg-Urlaub.
3. Du nimmst die alte „Gurke", die noch übrig geblieben ist und vertraust auf deine bastlerischen Fähigkeiten.

Ich, für meinen Teil, gehöre zu der Gilde der Frühbucher. Ich habe die Hoffnung aber noch immer nicht aufgegeben, daß einmal eine Art „Gewerkschaft" der Charterer gegründet wird, die dem Unfug des Frühbuchens ein Ende bereitet.

Übrigens, sehen wir uns auf der nächsten Chartermesse? Sie ist zehn Tage nach unserem Törn. Wir könnten dann gleich wieder buchen. Nur, wohin sollen wir nächstes Jahr segeln?

Crewbesprechungen sind wunderbar

Vom Geschick, alle lästigen Aufgaben zu delegieren

Für das Segeln ist Vorbereitung alles. Im Kleinen wie im Großen. Vergißt man beispielsweise WC-Papier auf die Yacht mitzunehmen, wird man zwar keine verstopften WCs haben, allerdings auch keine dankbare Crew. Vergißt man den Charterpaß zu Hause, wird man nicht einmal ein Schiff haben.

Wo und wie kann man sich besser auf einen Törn vorbereiten als an einem gemütlichen Ort (wie zum Beispiel einem Gasthaus oder dem Wohnhaus eines Mitseglers), an einem Tisch, auf dem Festes und Flüssiges zur Einnahme vorbereitet ist. Diese Vorbereitungssitzungen, an denen zu etwa 10% vorbereitet und zu 90% getratscht, gelacht, unterhalten, gegessen und getrunken wird, nennt man Crewbesprechungen. Crewbesprechungen sind wunderbar nach dem Motto: „Vorfreude ist die schönste Freude."

„Wir brauchen vor allem einmal Seekarten und Hafenhandbücher." Mit Sicherheit wird diesen oder einen geringfügig veränderten Satz der künftige Skipper bei der ersten Crewbesprechung mit feierlicher Miene verkünden, bedeutet er doch dreierlei. Erstens ist es ihm gelungen, tatsächlich eine Crew zusammen zu bekommen. Zweitens ist die wunderschöne Phase der Törnplanung gekommen, auf die man sich wirklich freuen kann, und drittens bedeutet der gemeinsame Bedarf der Crew („wir" brauchen ...), daß auch eine gemeinsame Kasse eröffnet werden muß, aus der der Ankauf von Seekarten und Hafenhandbüchern zu finanzieren ist. Allein dies ist eine schwierige Sache und bedarf wahrscheinlich mehrerer Crewbesprechungen bei Festem und Flüssigem. Gilt es doch folgendes Problem zu lösen:

Werden Seekarten und Hafenhandbücher von der ganzen Crew gekauft und zu gleichen Teilen bezahlt, gehören sie der Crew folgerichtig gemeinsam. Was allerdings passiert mit den Utensilien nach dem Törn? Es gibt mehrere Ansätze, dieses schwerwiegende Problem zu lösen, an dem manche Crew wohl gescheitert wäre, wäre nicht genug Flüssiges da gewesen. Die generös-großzügige Crew zum Beispiel überläßt Seekarten und Hafenhandbücher ungeteilt dem Skipper für die viele Vorbereitungsarbeit und den Ärger mit dem Vercharterer und den Behörden.

Die etwas weniger großzügige, aber noch immer sehr passable Crew schließt eine kleine Klausel ein, welche besagt, der Skipper kann Hafenhandbücher und Seekarten sozusagen verwalten; sollte diese allerdings jemand von der Crew in späteren Jahren benötigen, muß er sie herausrücken.

Die dramatisch-gerechte Crew könnte auch entscheiden, während des Einlaufens in den Ausgangshafen, also etwa eine Kabellänge vor dem Ende des Törns, Hafenhandbücher und Seekarten der See zu übergeben, also über Bord zu werfen. Dies wäre gerecht, weil so niemand in den Genuß einer weiteren Verwendung kommt und auch echt seemännisch, weil etwas „der See übergeben" eben seemännisch ist. Dieser zweifellos gerechte Vorschlag wird allerdings meist aus Umweltschutzgründen nicht angenommen. Es soll außerdem schon vorgekommen sein, daß die so verfahrende Crew kurz nach der „Seeübergabe" von Hafenhandbüchern und Seekarte bemerken mußte, daß sie sich verfahren hatte und die Häuser am Horizont leider nicht dem Ausgangshafen entsprechen. In dieser Situation wird dann meist der Navigator über Bord gelassen, um Seekarten und Hafenhandbücher wieder aufzufischen. Das Verfahren der dramatisch-gerechten Crew möchte ich persönlich nicht empfehlen.

Eine kaufmännisch-gewinnorientierte Crew könnte beschließen, nach dem Törn Hafenhandbücher und Seekarten zu verkaufen, möglichst gewinnbringend, also zu einem höheren als dem Einkaufspreis. Als Begründung könnte man dem potentiellen Käufer erklären, daß bereits Standlinien auf den Seekarten eingezeichnet wären und als Draufgabe außerdem noch Erfahrungswerte bezüglich der angelaufenen Häfen übermittelt würden. Als Verkäufer könnte irgend jemand von der Crew, also der Skipper fungieren.

Ein wirklich zukunftsträchtiger Vorschlag, der den Grundstein zu einer Nachbesprechung des Törns bei Festem und Flüssigem legt, bei der die erlöste Summe zur Verteilung gelangt. Das einzige Problem bestünde darin, wendet der spätere Skipper und Verkäufer von Seekarten und Hafenhandbüchern ein, einen Käufer zu finden. „Das wird sich schon irgendwie lösen", meint daraufhin die Crew und hat absolut recht. Meist endet das Vorhaben der kaufmännisch-gewinnorientierten Crew im Ergebnis der generös-großzügigen Crew, weil infolge Unverkäuflichkeit der Utensilien Hafenhandbücher und Seekarten beim ehemaligen Skipper verbleiben.

Und so gibt es noch eine große Anzahl verschiedener Lösungsmöglichkeiten für das wichtige Problem der Verwertung von Hafenhandbüchern und Seekarten nach Absolvierung des Törns. Man wird sicher seine persönliche, maßgeschneiderte Lösung finden – man muß nur genügend Crewbesprechungen machen.

Damit ist aber erst ein kleiner Anfang getan. Festes und Flüssiges in der nötigen Menge vorausgesetzt, sind noch viele andere Dinge zu besprechen.

Der kluge Skipper möchte schon vor dem Törn gewisse Aufgaben übergeben. In Managementkursen lernt man diese Methode des Abwälzens von lästigen Aufgaben auf andere Mitmenschen unter dem Begriff „delegieren". Der kluge Skipper also delegiert Aufgaben an bestimmte Crewmitglieder.

So zum Beispiel die Verwaltung der Bordkasse. Beim Erlernen der Methodik der „Delegation" wird viel von der dazu notwendigen „Motivation" gesprochen. Dies bedeutet, daß man als kluger Skipper eine Aufgabe um so leichter delegieren kann, je stärker das Crewmitglied motiviert ist, die Aufgabe zu übernehmen. In Bezug auf die Bordkasse könnte er bei einer der Crewbesprechungen etwa sagen: „Hansi", (das Crewmitglied Johann wird sonst immer „Hans" gerufen, die Verwendung des „i" in Form von Hansi gehört zur Technik der Motivation), „Hansi, arbeitest du nicht in einer Bank?" (In anderen Managementkursen, solchen, die sich mit „effektiver Überzeugung in Verhandlungen" beschäftigen, lernt man, möglichst stets Fragen zu stellen, weil man damit besser fährt.) Sagt Hans nun „ja", hat er bereits verloren und wird seinen Urlaub zwar auf einem wunderschönen Segelboot unter südlich-blauem Himmel, in der Gesellschaft netter Freunde verbringen und sicherlich gerne an den Törn zurück denken, aber er wird Verwalter der Bordkasse sein. Denn, „wer sonst", wird der motivationsgeschulte künftige Skipper feststellen, „wer sonst könnte die verantwortungsvolle Aufgabe der Bordkassenverwaltung so gut übernehmen wie Hansi, der Bankbeamte. Oder möchte sonst jemand die Bordkasse machen?" Der Skipper und Hansi schauen in die Runde und sehen nur kopfschüttelnde Gesichter. „Hansi, vielen Dank", meint der Skipper und schließt ein motivationsbelebendes Lob an: „Du bist wirklich super bei Geldangelegenheiten." Hans fühlt sich daraufhin tatsächlich recht gut und merkt meist gar nicht, daß er motiviert und manipuliert wurde. In Managerkreisen habe ich für diese Technik bereits den Ausdruck „Motipulation" gehört.

Eine weitere Aufgabe, welche der kluge Skipper unbedingt vor dem Törn, anläßlich etwa der 18. bis 22. Törnbesprechung, vergeben sollte, ist das Abhören der Wetterberichte, das Zeichnen der Bordwetterkarte und Erstellen der Seewetterprognose. Diese Aufgabe erfordert einen ganzen Mann (oder Frau), weil hierfür nicht nur entsprechende Kenntnisse erforderlich sind.
Die betreffende Person, welche später an Bord meist „Wetterfrosch" genannt wird, sollte tunlichst auch Morgenmensch sein, weil der Wetterbericht auf Kurzwelle in der Regel um 5.30 Uhr früh gesendet wird, man etwa zehn Minuten benötigt, um das Radio zu finden, zehn Minuten, um den Sender einzustellen, zehn Minuten, um den Bleistift zu suchen, den man sich doch am Abend hergerichtet hat und den irgendeiner (wahrscheinlich der Skipper) verlegt hat, und weitere zehn Minuten, um sich vor Beginn des Wetterberichtes zu erholen und zu konzentrieren, weil das Aufnehmen des Bordwetterberichtes nicht ganz leicht ist. Der künftige „Wetterfrosch" also wird täglich um etwa 5.00 Uhr aufstehen müssen.
Bei der Wahl des Bordmeteorologen wird der kluge Skipper in die Runde seiner Crew blicken und mit scharfem Auge an Werner hängen bleiben, der erst kürzlich seinen BK-Schein gemacht hat. „Werner",

wird der Skipper sagen, „du verstehst sicher etwas vom Wetter." Was soll Werner darauf antworten. Soll er sagen, daß er ein schlechter Segler ist, der vom Wetter nichts versteht? Soll er zugeben, daß er das Kapitel „Wetter" beim Lernen für den BK-Schein eher stiefmütterlich behandelt hat und froh war, sich durch die Prüfung gemogelt zu haben? Er wird es aller Wahrscheinlichkeit nach nicht tun, sondern „ja" sagen. Und damit ist er der Wetterfrosch.

Sollte wider Erwarten in der Crew kein Mitglied vorhanden sein, das von Wetter auch nur die geringste Ahnung hat, oder sollten es andererseits lauter alte Hasen sein, die allesamt schon ein- oder mehrmals als Wetterfrosch gedient haben, ist die Situation für den Skipper noch nicht ausweglos. Er kann immer noch auf seine Ehefrau zurückgreifen, für deren Motivation er sich schließlich lebenslänglich verpflichtet hat.

Und so gibt es noch Tausenderlei vor einem Törn zu besprechen. Törnbesprechungen sind etwas Wunderschönes. Sie ziehen sich über ein halbes bis dreiviertel Jahr hin, festigen die Freundschaft, führen zu beträchtlichem Verbrauch von Festem und Flüssigem und lassen vorweg dasjenige daheim erahnen, was wir auf dem Törn selbst dann mit kleineren oder größeren Problemen erleben werden.

Die Schiffsübernahme

Oder weshalb der Vercharterer die Schönheiten seiner südlichen Heimat preist

Fahrtensegeln ist eine Angelegenheit, die meine Mutter schon deswegen abgelehnt hätte, weil sie einem ihrer Prinzipien nicht entsprechen würde. „Leihe dir nie etwas aus, Fritz", hat sie mir schon in früher Jugend beigebracht – und im großen und ganzen stimmt das auch.

Durch Ausleihen gewinnt man keine Freunde: der Verleiher hat meist keine große Freude, daß er etwas herborgen soll, und derjenige, der es sich borgt, ist auch nicht zu beneiden, weil er ganz besonders achtgeben muß, den Leihgegenstand nicht zu beschädigen; außerdem sollte er dem Verleiher etwas schenken, was etwa dem Gegenwert der Miete entspricht, und dann muß er zusätzlich noch dankbar sein.

Wahrlich, ausleihen ist für niemand wirklich ersprießlich – außer, ja außer für die Yachtcharterbranche und die Segler. Wie anders wäre es sonst zu erklären, daß die Vercharterer dicke, bunte und teure Prospekte drucken, um etwas verleihen zu können, und die Charterer, also wir Segler, uns auf Chartermessen zusammenrotten und viel Geld zahlen, damit wir uns etwas (nämlich ein Schiff) leihen dürfen. Zum Unterschied allerdings von dem von meiner Mutter so abgelehnten unprofessionellen Ausleihen muß man als Charterer dem Vercharterer nicht auch noch dankbar sein. Etwas muß man aber schon sein – vorsichtig. Und davon soll dieses Kapitel handeln.

Endlich ist es soweit. Die Crew trifft sich, wie bei den letzten fünf bis sechs Crewbesprechungen ausgemacht, am Flughafen, um auf dem Luftwege möglichst rasch den Ort zu erreichen, wo das Schiff, auf das wir uns schon rund neun Monate freuen, in einer geschützten Marina liegt und auf uns wartet. So stellen wir uns das zumindest in unserer Vorfreude vor. Tatsächlich wartet das Schiff nicht auf uns, während wir ins Flugzeug einsteigen, sondern es wird nach der Rückkehr der Crew der Vorwoche gereinigt, (hoffentlich) einigermaßen kontrolliert, und die gröbsten Fehler werden beseitigt. Verlassen kann man sich darauf leider nie. Nach einigen Flugstunden ist man am Zielflughafen, verläßt das Flugzeug und erleidet in der Regel den ersten Schweißausbruch wegen des noch ungewohnten Klimas. Unter zahlreichen Urlaubern, welche alle komfortable Hotels aufsuchen und daher gut gekleidet, ja oft sogar richtig herausgeputzt sind, fällst du mit deiner Crew schon rein äußerlich auf. Die Jeans, die ihr wahrscheinlich anhabt, sind zwar gut zum Segeln, aber nicht vom Feinsten, und statt der vornehmen Samsonite-Koffer werft ihr euch unförmige Seesäcke, die noch dazu meist von Salzwasser fleckig und unansehnlich sind, über die Schulter.

„Also Leute gibt es heutzutage auf Flughäfen", höre ich in der Ankunftshalle in Athen eine vornehme, ältere Dame sagen, mit jugendlich hochgestylter wasserstoffblonder Mähne und trotz der Hitze in einem teuren Lederkostüm, während sie mich in meiner Seglermontur abfällig mustert. Ich drehe mich in meinen schon etwas abgenutzten aber bequemen Seglerschuhen um und erkenne zu meinem Schreck Frau Direktor Mayer – eine meiner vornehmen Privatpatientinnen, die mich noch gestern, als ich ihr im branchenüblichen weißen Kittel in der Ordination gegenübersaß, angehimmelt hatte und mit noch immer kokettem Augenaufschlag meinte: „Also Professor, was sind Sie für ein bewundernswerter Mann, und ich bin Ihnen ja sooo dankbar, daß ich morgen nach Griechenland fahren kann." Hätte die gute Frau ihren Professor in den vergammelten Seglerschuhen und den etwas renovierungsbedürftigen Jeans erkannt, sie hätte wahrscheinlich einen Rückfall erlitten.

Wenn nun am Zielflughafen dein Seesack wirklich am Förderband erscheint und nicht irrtümlich in eine andere Weltgegend geflogen wurde, ist die erste Klippe umschifft.

Mir ging leider einmal der Seesack mit Seekarten, GPS, Hafenhandbüchern, Kompaß etc. verloren. Das Gefühl ist vergleichbar mit dem Empfinden eines Mannes, der eine wunderschöne Frau heiraten will, sich auf diese mehrere Monate freut, an einem heißen Sommertag schwitzend die Hochzeitszeremonie über sich ergehen läßt und abends, als er endlich, endlich mit seiner Angetrauten das Schlafgemach aufsuchen will, merkt, daß sie verlorengegangen ist. So wie Ehefrauen aber nicht wirklich verlorengehen, habe ich damals auch meinen Seesack wiederbekommen.

Meist wird nach einer Taxifahrt die Marina erreicht, und nun gilt es, unter den dort vorhandenen rund 870 Yachten die vor neun Monaten gecharterte zu finden. Man hat von der Agentur einen Lageplan erhalten, und elastischen Schrittes machen sich in der Regel zwei Mann auf die Suche, während die übrige Crew irgendwo im Schatten döst. Da steht sie plötzlich vor dir, so wie du es erträumt hast: blendend weiß, mit einem hohen Mast, wunderschön die eleganten Linien, das Teakdeck geputzt und offensichtlich prächtig in Schuß. Der Name des Schiffes und der Agentur stimmen, und du gehst zurück, um deine Crew zu holen. Diese zieht freudig erregt hinter dir her, und als du das gecharterte Prachtstück vorführen willst, ist das Schiff weg, verschwunden, nicht mehr da, wo es doch eben noch war. Bevor deine Crew an dir eine psychiatrische Diagnose stellt, kommt ein liebenswürdiger Herr von der Agentur und erklärt dir, daß seine Leute mit dem Schiff zur Tankstelle gefahren sind, um aufzutanken und eine kleine Reparatur vorzunehmen. Reparatur? Bei dir klingeln Alarmglocken, aber dann erinnerst du dich an das herrliche Weiß der Bordwand, das prächtige Teakdeck und den hohen Mast und bist beruhigt.

Der liebenswürdige Herr von der Agentur empfiehlt, um Zeit zu sparen, ein besonders günstiges Lebensmittelgeschäft, um das Notwendige zu bunkern, hauptsächlich Getränke, versteht sich. Der zufällig auftauchende Besitzer des Lebensmittelgeschäftes verspricht, seinem Freund von der Agentur zuliebe, euch nicht nur bestens zu bedienen, sondern auch noch das Gekaufte mit seinem privaten Auto direkt zum Schiff zu fahren. Großartig denkst du, da haben wir wirklich Glück gehabt. Nach einigen Tagen wird dir der Verwalter der Bordkasse mitteilen, daß ihr noch nie in eurem Leben so teuer eingekauft habt und man für die Fahrt mit dem privaten Auto des lieben Lebensmittelhändlers drei Taxis hätte mieten können. Bereits hier ist also gewisse Vorsicht am Platze.

Ihr seid vom Getränke- und Lebensmitteleinkauf zurück und da ist auch das Schiff wieder. Nun kommt der wirklich erhebende Augenblick, wenn man das erste Mal das Schiff betritt, das nun für ein oder zwei Wochen das Zuhause und der Quell aller Freuden werden soll. Nun beginnt die erste Bewährungsprobe der Crew. Wer schläft wo?

Klar ist nur, daß Ehepaare oder solche, die es noch werden wollen, zusammen eine Kabine belegen, aber welches Paar welche Kabine? Die Lokalisation der Kabine scheint nämlich anfangs von unglaublicher Wichtigkeit zu sein: die Achterkabinen haben den großen Vorteil bei Seegang weniger zu schaukeln, den gewaltigen Nachteil allerdings, neben der Maschine zu liegen und daher möglicherweise laut zu sein. Mit der Kabine im Vorschiff verhält es sich gerade umgekehrt. Da ist guter Rat teuer.

Nun ist die Kabine im Vorschiff allerdings meist größer und hat oft ein eigenes WC. Anfänger fallen darauf herein und glauben, bei Belegung der Vorschiffkabine ein Privatklosett zu haben. Erst später wird sich der Irrtum herausstellen, wenn der Skipper verkündet, daß natürlich jeder auf jedes WC gehen kann. Besonders Gewitzte lassen daher den Naßraum und die Größe der Kabine außer acht und messen den Wert des künftigen Schlafzimmers lediglich an der Zahl der vorhandenen Stauraumladen. Auch hier soll es schon Reinfaller gegeben haben, weil letztlich nicht die Zahl der Laden, sondern der Rauminhalt für den Komfort entscheidend ist. Den Erfahrenen erkennt man in diesem Stadium der Schiffsübernahme daran, daß er ruhig den anderen den Vortritt läßt (wohl wissend, daß schon die Schiffskonstrukteure für Gerechtigkeit gesorgt haben) und großzügig die scheinbar bessere Kabine jemand anderem überläßt, nicht ohne dafür eine Einladung auf das eine oder andere Getränk empfangen zu haben.

Nach etwa einer Stunde beruhigen sich die Gemüter, und der kluge Skipper zückt eine meterlange Liste, um das Schiff zu kontrollieren. Dies ist tatsächlich von besonderer Bedeutung, denn Schäden, die jetzt nicht festgestellt werden, muß man bei der Rückkehr unter Umständen bezahlen. Der Vercharterer, also unser liebenswürdiger Herr, der uns das nette Lebensmittelgeschäft vermittelt hatte, kommt mit ebenso einer langen Liste, führt dich zweimal ums Boot, erklärt dabei die Schönheiten seines Heimatlandes im allgemeinen und die Pracht der von dir anzulaufenden Häfen im besonderen, zeigt dir, welche Leinen wohin führen, demonstriert Eiskasten, Gasflaschen, Ankerwinde und Schiffspapiere. Dann bittet er dich beiläufig, seine lange Liste zu unterschreiben. Tust du es, bist du geliefert.

Der kluge Skipper wird nun seine eigene, noch ausführlichere Liste zücken und, im Beisein des nun plötzlich ungeduldig mit den Füßen scharrenden freundlichen Herren, das gesamte Schiff auf Herz und Nieren prüfen.

Da darf nichts ungeprüft bleiben, von der Befestigung der Reling bis zur Schiffsschraube unter Wasser, von der Zahl der Kaffeehäferln bis zur Großschot, von den an Bord befindlichen Radiergummis bis zum Motoröl und dem Treibstoffilter. Jeder, auch der kleinste Schaden muß festgehalten und vom freundlichen Herrn unterzeichnet werden. Die Sache dauert so an die drei Stunden. Dann, und nur dann kannst du einigermaßen sicher sein, nicht hereingelegt zu werden. Meist wirst du schnell drauf kommen, daß das Schlauchboot, bläst man es auf, die Luft allmählich verliert, das Tauwerk über den Blöcken vor dem Brechen ist, die Ankerwinde eingerostet und der Treibstoffilter verdreckt ist. Du kannst natürlich auch mehr entdecken. Das alles hat vor der Ausfahrt vom freundlichen Herrn, der nun plötzlich selbst zu schwitzen beginnt, obwohl er eigentlich an das Klima gewöhnt sein müßte, ersetzt und repariert zu werden. Ist alles zur Zufriedenheit erledigt, ist der freundliche Herr sicher für einen kleinen Schluck dankbar.

Nun ist es meist später Nachmittag bis Abend geworden. Jetzt kann man sich ausruhen, die nächste Taverne aufsuchen, essen und trinken und wenn man klug ist, genießt man nun jede Sekunde, auf die man sich so lange gefreut hat. Morgen geht es hinaus aufs Meer, dem Abenteuer entgegen!

Diesel oder Abendessen?

Vom Sinn und gerechten Nutzen einer Bordkasse

Das Zusammenleben der Menschheit in größeren oder kleineren Gruppen war nie ganz leicht. Wäre es auch nur einigermaßen problemlos, hätte die Menschheit nicht so viele verschiedene Arten der Organisation des Miteinanderlebens finden müssen: Diktatur, Demokratie, Monarchie, Anarchie, um nur einige zu nennen. An Bord eines Segelschiffes ist das ganz ähnlich. Bin ich zum Beispiel zufällig selbst Skipper, überzeugen mich die Vorteile der Monarchie. Bin ich es nicht, ist mir die Demokratie lieber. Es soll auch Skipper geben, die die Diktatur bevorzugen, meist endet das dann allerdings in Anarchie, an Bord nennt man das Meuterei.

Im demokratischen Zusammenleben von Völkern geht es eigentlich immer um dieselbe Sache. Wieviel Geld nimmt die Gemeinschaft (zum Beispiel durch Steuern) ein und wofür gibt man das dann wieder aus. Die Tagespolitik dreht sich genau genommen ausschließlich um diese Fragen. Letztlich will natürlich niemand in die Staatskasse mehr einzahlen, als er an Leistungen wieder herausbekommt. Im demokratischen Staat läßt sich das leider nicht ganz verwirklichen, ganz im Gegenteil. Meist zahlen diejenigen in die Staatskasse mehr ein, die weniger herausbekommen, zum Ausgleich dafür dürfen sie aber auch mehr arbeiten. An Bord eines Segelschiffes geht dies wesentlich gerechter zu, wenn auch die Strukturen jenen des Staates vergleichbar sind. Der Staatsschatz ist die Bordkasse, der Finanzminister im Staat entspricht dem Verwalter der Bordkasse und jedes Crewmitglied repräsentiert eine Partei. Der einzige Unterschied ist: an Bord befinden sich alle in Urlaubslaune.

Die Bordkasse war ursprünglich gedacht als eine Einrichtung zur Erleichterung des Bordlebens und des gesamten Törns, aus der gemeinsam benützte Dinge bezahlt werden sollten. So zum Beispiel der Treibstoff für die Schiffsmaschine. Hier ist es offenkundig, daß jedes Crewmitglied sozusagen gleichviel Diesel verbraucht und daher zahlen auch alle gleich viel für diesen Zweck ein. Angeblich soll es bereits Diskussionen gegeben haben und ernsthafte Vorschläge unterbreitet worden sein, den Verbrauch des Schiffsdiesels in Abhängigkeit vom jeweiligen Körpergewicht des Einzahlers zu sehen. Das dürften Spitzfindigkeiten gewesen sein. Heute leben wir in einer Zeit der Prosperität, jedem geht es einigermaßen gut, und über zwei Liter Schiffsdiesel werden wir doch kein Wort verlieren – noch dazu unter Freunden.

Meist wird die Bordkasse am ersten Tag des Törns, oft schon im Flugzeug, eröffnet, weil man das Taxi vom Flughafen zum Yachthafen bereits aus der Bordkasse bezahlen könnte. Ein sehr löblicher Entschluß. Wer meinen Empfehlungen gefolgt ist, hat bereits einen Verwalter der Bordkasse bestellt, und dieser geht nun daran die Kasse zu füllen: „Wieviel soll denn jeder einzahlen?", fragt er den Skipper. Ist es ein diktatorischer Skipper, sagt er: „Na, einen Tausender." Dann wäre nur mehr zu klären, ob in heimischer oder Fremdwährung. Ist es hingegen ein demokratischer Skipper, wird er empfehlen, dazu die Crew zu befragen. Die Crew ist – wie das Leben so spielt – uneinheitlich. Der großzügige Typ meint, er möchte im Urlaub von Geld möglichst wenig hören und will für die zwei Wochen gleich 3000,– Schilling einzahlen, weil das für 14 Tage Essen, Trinken, Taxifahrten, Eintrittsgebühren, Diesel, Liegegebühren, Einladungen der weiblichen Crew vom Nachbarschiff und so weiter und so fort nicht zu viel ist.
Diese Meinungsäußerung löst nun einen Sturm von Gegenargumenten aus, die in echt demokratischer Weise durchdiskutiert werden. So ist vor allem die Frage zu klären, ob Essen und Trinken auch aus der Bordkasse bezahlt werden sollen. Schließlich und endlich, wenden meist weibliche Crewmitglieder ein, ist nicht einzusehen, daß der Alkoholkonsum der Herren von den Damen mitfinanziert wird.
Die Herren halten dem entgegen, daß sie keine Eintrittsgebühren zu Sehenswürdigkeiten ausgeben, der Eintritt in die Kneipe sei kostenlos.
Die Sache wird bei der Diskussion über das Essen noch komplizierter.

Ohne Ansehen des Geschlechtes formieren sich hier zwei ganz andere Parteien, deren Mitglieder entweder schlank oder wohlbeleibt sind. Die Schlanken argumentieren, sie äßen weniger und daher billiger und sähen nicht ein, warum der Kalorienbedarf der Fetten mitfinanziert werden müsse. Die Wohlbeleibten wenden ein, daß diese Argumentationslinie fehlerhaft sei, die Schlanken seien nur deswegen schlank, weil sie vor allem teures Fleisch und noch teureren Fisch zu sich nähmen, wohingegen der Bauch der Wohlbeleibten hauptsächlich von billigen Spaghetti und Gebäck herrühre.

Bevor sich Dick und Dünn in die Haare kriegen, fragt jemand von der Crew, wozu man Liegegebühren bezahlen solle, man könne doch statt in einer Marina festzumachen in einer Bucht ankern, dies sei romantischer und billiger. Der Skipper murmelt etwas von Ankerwachen, die es dann aufzustellen gäbe, wird aber übertönt von nahezu allen anderen Crewmitgliedern, die abends essen gehen und nicht auf den Smutje und seine Kochkünste angewiesen sein wollen – zumindest nicht jeden Tag. Man einigt sich schließlich auf eine erste Einzahlung von 1000,– österreichischen Schillingen in die Bordkasse.

Der Verwalter der Bordkasse beginnt mittels einer bereits vorbereiteten Liste mit dem Einkassieren. „Du, leider habe ich mein österreichisches Geld im Seesack, aber ich kann dir einen Scheck geben." „Ich würde gerne in Drachmen einzahlen, kannst du mir ausrechnen, wieviel du dann von mir bekommst?"

„Ich habe leider nur einen 100-Dollarschein, 100 Dollar sind etwa 1200 Schilling, wechsle mir die 200 Restgeld und gib mir einfach 4350 Drachmen zurück!" Dem Verwalter der Bordkasse stehen in der Zwischenzeit die Schweißperlen auf der Stirne, da der Urlaub aber gerade begonnen hat, reißt er sich zusammen und rechnet und wechselt und kassiert und schwitzt. Dies war die Schilderung der Einnahmeseite. Im folgenden gestatte ich mir, die üblichen Vorkommnisse auf der Ausgabenseite darzulegen.

Tatort: Hafenrestaurant. Spezialitäten: Fische. Landesübliches Getränk: Wein. Franz wirft kein Auge in die Speisekarte, sieht mit Scheren bewaffnete Tiere in einem luft-durchfluteten Becken und bestellt lautstark: „Hummer!" Hans wollte eigentlich Spaghetti mit Tomatensauce, weil er dies für sein Leben gerne ißt und zu Hause nie bekommt. Auf die Franzsche Hummerbestellung hin wirft er einen Blick auf die rechte Seite der Speisekarte und bemerkt, daß 10 Gramm Hummer mehr kosten als seine gesamten Spaghetti. Er disponiert also um. Hummer kann er zwar nicht vertragen, aber eine Platte auserlesener Fische kommt einigermaßen an den Hummerpreis heran. Hans bekommt zwar nicht seine geliebten Spaghetti in Tomatensauce, leidet aber auch keinen Finanzfrust. Die Rechnung mit Franz ist ausgeglichen. Anders bei der bescheidenen Monika, die keine Gelegenheit mehr hatte auf erlesene Fische umzudisponieren, weil sie ihre Bestellung vor jener des Franz aufgegeben hatte. Monika ist ein wenig frustiert, sagt aber nichts, sondern ißt tapfer ihre bescheidenen Spaghetti, obwohl sie so gerne einmal Fische gehabt hätte. Um die Gemeinsamkeit der Crew zu unterstreichen, bestellt der Skipper je einen Liter Rot- und Weißwein, damit wenigstens bei den Getränken eine gewisse Einheitlichkeit demonstriert werde.

Leider siegt auch hier der Individualismus. Peter kann auf Bier, welches im Land der Drachmen unglaublich teuer ist, nicht verzichten, Hans wiederum trinkt vom köstlichen „Weißen" rund fünfmal soviel wie Monika, die eigentlich nur Mineralwasser wollte, dieses aber nicht bestellen wollte, weil sie eben von Natur aus bescheiden ist.

Dies sei alles furchtbar ungerecht? Ja, es kann manchmal der Eindruck der Ungerechtigkeit erweckt werden, aber nur für kurze Zeit, weil das Leben grundsätzlich alles ausgleicht, selbst die Probleme mit der Bordkasse. Man kann sicher sein, die bescheidene Monika will jeden zweiten Tag einen Eisbecher, alle anderen aber nicht, und die Bordkasse zahlt's. Hans bekommt leider Durchfall und kann zwei Tage gar nichts essen, und Franz verzichtet auf die Taxifahrt zur Akropolis, weil er sie schon kennt.

Nehmt die Bordkasse, liebe Freunde, nicht wirklich ernst. Es ist völlig egal wieviel ihr einzahlt, wie oft ihr einzahlt und in welcher Währung. Alles gleicht sich beim Segeln aus, nach Sturm kommt Flaute, nach Regen die Sonne und wer heute teuer ist, ißt morgen billig.

Spucke nie nach Luv

Von den Wissenslücken frischgebackener
Segelschein-Inhaber

„Nicht für die Schule, für das Leben lernen wir", so hatten unsere Lehrer
immer gesagt und wollten uns damit motivieren, all das freudig zu lernen,
was wir dann im Leben niemals brauchen würden. Wie theoretisch Unter-
richt sein kann hat wohl jeder von uns im Rahmen jener Unterweisung ken-
nengelernt, die völlig zu Unrecht als „Aufklärungsunterricht" bezeichnet
wird. Das einzige worüber man in dieser meist peinlichen Belehrung wirk-
lich aufgeklärt wird, ist die Unfähigkeit der Menschheit, dasjenige einiger-
maßen zu beschreiben, was sie am liebsten tut. Und das wohl Frustierend-
ste am Aufklärungsunterricht ist, daß nach Beendigung der theoretischen
Lehrstunden die praktische Ausübung des Erlernten verboten wird.
Nach erfolgreicher Absolvierung eines Segelkurses ist es, Gott sei Dank,
anders. Man kann zwar auch nichts, aber man darf wenigstens.

„Du bist noch niemals gesegelt, Otto?" so fragt der künftige Skipper
bei der Törnmesse sein potentielles neues Crewmitglied, das er dringend benötigen würde, um seine Crew wenigstens der Zahl nach zu
vervollständigen. „Das macht gar nichts. Wir bringen dir unterwegs
alles bei. Du wirst sehen, das macht großen Spaß!" Sehen wird Otto,
Spaß wird es ihm wahrscheinlich keinen machen. Es gibt nämlich nur
zwei Methoden, einem Greenhorn (im weiteren als GH bezeichnet) an
Bord etwas beizubringen: entweder man nimmt den Anfänger vor der
ersten Ausfahrt her und versucht, ihm mehr oder weniger theoretisch
etwas beizubringen – zum Beispiel wie man einen Pahlstek knüpft.
Das GH wird das meist als Störung seines Urlaubes empfinden und
dich beleidigt bis pikiert wissen lassen, daß er im entscheidenden
Augenblick sicherlich eine geeignete Schlinge fertigbringen wird.

Die zweite Möglichkeit ist, das GH ohne vorherige Aufklärung in die Situation zu schicken, in der er einen Pahlstek benötigt. Nach langem Gefummel mit dem Stück Tauwerk, wird er dann meist dankbar eine Belehrung annehmen. Spaß wird es ihm dennoch nicht machen.

Am ehesten kann man noch probieren, dem GH das Steuern beizubringen. GH wird mit starrem Blick auf den Kompaß akribisch versuchen, den von ihm geforderten Kurs zu fahren. Er wird, je nach Intelligenzgrad, früher oder später von selbst drauf kommen, wie man das Steuerrad drehen muß, damit der Kurs wieder stimmt. Anfänglich wird dem GH das Steuern tatsächlich auch großen Spaß machen. Der ständige Blick auf den Kompaß erzeugt allerdings nach etwa dreißig Minuten Kopfschmerzen – und daher wird GH auch das Steuern bald satt haben.

Hat schon jemand jemals versucht, einem GH beizubringen, woher der Wind bläst?

„Otto, nun schau doch mal auf den Verklicker. Wie bitte? Ach so, also der Verklicker ist dieses Ding im Masttopp, ja doch, ganz oben, ja auf der Mastspitze. Also der Verklicker zeigt dir, woher der Wind kommt. Ja, die Spitze des Verklickers zeigt dorthin, woher der Wind kommt. Was heißt, das ist unlogisch? Also wirklich, Otto, diskutiere nicht mit mir, sondern merke dir, die Spitze des Verklickers zeigt nach Luv. Verstehst du? Luv ist dort wo der Wind herkommt. Was soll das heißen, der Wind kommt aus Westen? Natürlich kommt er aus Westen, und von uns aus gesehen ist dort Luv. Richtig, und das Gegenteil ist Lee. Also wo ist Luv? Nein Luv ist nicht immer im Westen, das hat nichts mit der Himmelsrichtung zu tun, sondern mit dem Wind! Verstehst du? Mit dem Wind! Was, du verstehst das nicht? Also, Otto, dann pinkle doch einmal über die Reling. Wo würdest du dich hinstellen. Sehr richtig, und dort ist Lee. Merke dir, ‚pinkeln nach Lee tut nicht weh‘.“

Nun ehrlich, ist diese Art von Unterricht ein Vergnügen? Weder für den Skipper noch für GH.

Man sollte also ein reinrassiges GH niemals mit auf Törn nehmen. Dafür sind Segelschulen zuständig. In der Segelschule lernt ein angehender Fahrtensegler all das, was er später in der Praxis niemals braucht und noch viel mehr. Da strotzt der Unterricht in der Navigation von „doppelten Horizontalwinkelpeilungen", „Vierstrichpeilungen" und anderen geometrischen Übungen, die mich immer an den Unterricht in darstellender Geometrie erinnert haben. Den richtigen Gebrauch eines GPS-Gerätes erlernt der angehende Skipper allerdings nicht. Wer also mit viel Mühe endlich die Prüfung zum Segelschein geschafft hat, kann soviel wie gar nichts und tut gut daran, erst einmal ein paar freiwillige Zusatzkurse zu buchen, in denen man das lernt, was man tatsächlich benötigt.

„Otto, was tust du da?" fragt der Skipper sein Crewmitglied, dessen Segelschein noch feucht vom Druck ist. Otto steht vorne am Bug, wirft bereits die vierte Bierdose ins Wasser, rennt dann wie ein Verrückter an Deck nach achtern und versucht die Zeit zu stoppen, die die Bierdose benötigt, um vom Bug zum Heck des Schiffes zu gelangen. Leider ist die Bierdose immer schneller als Otto, was ihn zum Fluchen veranlaßt.
„Ich mache eine Relingslogge", antwortet Otto dem Skipper, „aber es geht nicht, weil wir zu schnell fahren."
„Wozu machst du eine Relingslogge?" wundert sich der Skipper.
„Haben wir so gelernt", antwortet Otto.
„Du brauchst doch nur einen Blick auf des elektronische Log zu werfen", meint der Skipper.
„Wer sagt dir, daß das Log auch richtig anzeigt?"
„Das GPS", ist die Antwort.
„Und wenn die Amerikaner das GPS plötzlich abdrehen?"
„Tun sie nicht."
„Könnten sie aber."
„Tun sie aber nicht."
„Ja, aber nimm mal an, sie tun."
„Ich weiß doch, daß unser Log richtig anzeigt. Von mir aus können die Amerikaner auch das GPS abdrehen."
„Und wenn dann auch das Log ausfällt, was dann, ha?" fragt Otto siegessicher.

„Also, dann trinke ich in aller Gemütlichkeit eine Dose Bier", meint der Skipper, „klopfe anschließend mit der Faust auf den Geber vom Log, und dann geht das Ding wieder. Sollte es wider Erwarten nicht gehen, hast du wenigstens eine neue Bierdose zum ins Wasser zu werfen."

Als Skipper mußt du bei einem frischgebackenen Besitzer eines Segelführerscheins höllisch aufpassen, daß du nicht mit den Yachtgebräuchen in Konflikt kommst. Dein frisch von der Schulbank kommendes Crewmitglied weiß nämlich ganz genau, wo die eigene Nationale zu führen ist, und wenn du sie – wie gewohnt – am Achterstag festmachst (wo sie ja wirklich am besten aufgehoben ist), wirst du Kritik ernten. Am besten läßt du alles, was irgendwie mit Yachtgebräuchen zu tun hat, den Neuen machen. Wenn er dann in Ermangelung einer Gaffelnock (wo die Nationale klassischerweise hingehört) und durch das Fehlen eines Flaggstocks (den Charterschiffe praktisch nie dabei haben) irritiert ist, wird er nach Lehrbuch versuchen, die Nationale im oberen Drittel des Achterlieks des Großsegels zu befestigen. Dafür allerdings benötigt man Werkzeug und Kenntnisse eines Segelmachers, daher wird er den Versuch bald aufgeben und den Skipper um Rat fragen. Jetzt kann er locker sagen: „Ach, befestige das Ding doch am Achterstag. Ist zwar nicht ganz o. k., funktioniert aber gut."

Ein frisch von der Segelschule Entlassener ist am besten am Navigationstisch aufgehoben. Da kann er sein ganzes erlerntes Wissen anwenden. Er wird Seiten über Seiten Notizpapier mit Zahlen, Dreiecken und Kolonnen unverständlicher Buchstaben vollschreiben, wird wie ein geölter Blitz mit dem Peilkompaß zwischen Navigationstisch und Plicht hin- und hersausen und alle 15 Minuten einen neuen wahren Ort ermitteln. Er wird den Kurs genauestens abstecken, mit allen nur denkbaren Beschickungen versehen, Mißweisungen und Deviation einberechnen und dem Steuermann dann klar einen Kompaßkurs von 347,5 Grad angeben.

Eventuelle kleine Berechnungsfehler des Navigators gleicht der Steuermann aus, indem er einen großzügigen Kurs ungefähr zwischen 320 und 360 Grad einhält.

Ein bißchen Steuerfehler tut dem eifrigen Navigator auch gut, denn dann entdeckt er bei der Bestimmung des neuen wahren Ortes wenigstens eine kleine Besteckversetzung und kann – endlich – ein Stromdreieck zeichnen.

Ich kann jedem Skipper nur raten, laß den Navigator ruhig fleißig arbeiten, auch wenn das alles recht überflüssig erscheint. Es macht dem Navigator Spaß und – einem selbst wird es vielleicht auch nicht schaden, wieder einmal ein wenig klassische Navigation zu üben.

„Nichts gegen das großartige Sicherheitstraining auf deiner Segelschule,
aber meinst du nicht auch, daß man alles übertreiben kann?"

Aye, aye, Sir!

Von der Kunst, eine unangefochtene Skipper-persönlichkeit zu werden

Der Führungsstil des ausgehenden 20. Jahrhunderts unterscheidet sich erheblich von dem unserer Väter und ehemaligen Chefs. Damals spielte sich eine Entscheidung in zwei Schritten ab.
1. Die Führung gab offen den Mitarbeitern ihre Vorstellungen bekannt.
2. Die Mitarbeiter sagten o. k.

Heute ist der ganze Vorgang demokratisch wesentlich besser aufgearbeitet und läuft im allgemeinen folgendermaßen ab:
1. Geheimtreffen der Führung zur Abstimmung der demokratischen Vorgehensweise.
2. Geheimtreffen Führung – Gewerkschaft zur Abstimmung der demokratischen Vorgehensweise.
3. Geheimtreffen Gewerkschaft – Politiker zur Abstimmung der demokratischen Vorgehensweise.
4. Geheimtreffen Führung – Politiker zur Abstimmung der demokratischen Vorgehensweise.
5. Offene Gespräche Führung – Gewerkschaft entsprechend der vereinbarten demokratischen Vorgehensweise mit gegenseitigen vorher nach Drehbuch vereinbarten verbalen Angriffen.
6. Offene Gespräche Gewerkschaft – Politiker entsprechend der vereinbarten demokratischen Vorgehensweise mit gegenseitigen vorher nach Drehbuch vereinbarten verbalen Angriffen.
7. Offene Gespräche Führung – Politiker entsprechend der vereinbarten demokratischen Vorgehensweise mit gegenseitigen vorher nach Drehbuch vereinbarten verbalen Angriffen.
8. Die Mitarbeiter sagen o. k.

Wie man unschwer erkennen kann, dauert die heutige demokratische Methode zwar rund sieben mal so lang und führt zum selben Ergebnis, hat aber den unbestreitbaren Vorteil, daß sich die Mitarbeiter nicht mehr von der bösen Führung unterdrückt fühlen, daß der Politiker seine Existenzberechtigung bestätigt bekommt und die Gewerkschaft Mitgliedsbeiträge erhält.

An Bord ist die Situation ähnlich wie im Staatsgefüge: je besser das Wetter und je ruhiger die See ist, desto mehr Diskussionen werden verlangt. Wird die Situation brenzlig, schart sich alles um den Skipper.

Wenn beispielsweise prächtiges Wetter herrscht und das Schiff bei zwei Windstärken durch die flachen Wogen gleitet, die Mannschaft an Deck in der Sonne liegt, während der Autopilot seine Arbeit verrichtet, kann man als Skipper nicht so einfach eine Kursänderung von 290 auf 320 Grad vornehmen lassen, weil man sonst mit Beschwerden der Crew zu rechnen hat: „Warum fahren wir einen anderen Kurs? Ich liege jetzt im Schatten, weil mir die Fock die Sonne wegnimmt." Oder: „Skipper, wo fährst du hin? Vorhin war's gemütlicher, jetzt spritzt es an Deck." „Skipper, das Schiff wackelt jetzt viel mehr."
Fährt das Schiff allerdings in einer dunklen, stürmischen Nacht bei schlechter Sicht und plötzlich taucht ein Großschiff aus der Dunkelheit auf und du schreist: „Ruder hart backbord!" kannst du sicher sein, daß dein Befehl diskussionslos befolgt wird.
Für den Fall, daß Sie selbst einmal Skipper sein sollten und sich überlegen, was denn den erfolgreichen Skipper auszeichnet, möchte ich Ihnen, aufgrund einer langjährigen Analyse, die zehn Gebote für einen erfolgreichen Skipper verraten.
1. Gebot: *Du sollst selbst niemals etwas anfassen, nicht einmal das Ruder.*
Dies ist das erste und wichtigste Gebot. Fasse nie etwas selbst an, du läufst nämlich Gefahr, die Sache falsch zu machen. Vielfach wird argumentiert, daß der Skipper dann eingreifen soll, wenn die Situation besonders schwierig ist. Völlig falsch. Gerade dann ist die Chance am größten, daß etwas schief geht. Also, Hände weg!

Ein erfahrener Skipper wird nur dann etwas tun, wenn die anderen alle ausnahmslos seekrank oder betrunken sind oder wenn es wirklich nicht mehr anders geht. Dann vergiß aber nicht, die Arbeit (auch wenn sie noch soviel Spaß macht) möglichst bald wieder abzugeben. Du wirst dich nun fragen, ob es unter diesen Umständen sich überhaupt lohnt Skipper zu sein. Nein, es lohnt sich niemals. Du hast die ganze Verantwortung, die Arbeit der gesamten Vorbereitung und sollst das, was dir Spaß macht, nicht selbst tun. Du bist an Bord daher so etwas wie Badegast in leitender Funktion. Dennoch verstoße niemals gegen das erste Gebot, es ist eine schwere Sünde.

2. Gebot: *Du sollst niemals, unter keinen Umständen zugeben, daß du Unrecht hattest.*
Die Einhaltung dieses Gebotes ist ebenfalls von eminenter Bedeutung, will allerdings gelernt sein. Sollte dir beispielsweise in deiner Navigation ein 180-Grad-Fehler unterlaufen sein und ihr fahrt nun schon seit drei Stunden in genau die falsche Richtung, hat es wenig Sinn darauf zu beharren, daß dies die richtige Richtung sei. Du hast nun mehrere Möglichkeiten.

- Hast du das erste Gebot befolgt, bist du fein raus, denn dann hat den Fehler jemand anderer gemacht.
- Du sagst der Fehler sei zum besten der Crew geschehen. Du könntest anführen: „Also, Freunde, jetzt kann ich es euch ja sagen. Dort, wo wir hinfahren wollten, ist ein Seebeben angesagt. Ich habe euch das gar nicht mitgeteilt, um euch nicht zu beunruhigen. Ich bin mit euch in die andere Richtung gefahren, und die Gefahr ist jetzt vorbei. Steuermann um 180 Grad kehrt!"
- Du machst die Technik verantwortlich: „Also, diese verfluchte Elektronik. Jetzt spielt doch offenbar seit drei Stunden das GPS verrückt und schickt uns in die falsche Richtung." Du ziehst nun den Sextanten heraus und richtest ihn auf die Sonne: „Mit den guten alten Methoden geht es doch am besten." Nach kurzem Gebrauch von Papier und Bleistift (du brauchst natürlich nicht Winkel zu rechnen, sondern kannst auch Männchen zeichnen) verkündest du den neuen Kurs.

- Du machst übernatürliche Dinge verantwortlich: „Ja, verflucht, was hat denn der Kompaß. Jetzt zeigt er plötzlich in die andere Richtung. Ob hier ein Unterseekabel liegt? Nein, das kann nur Neptun persönlich sein. Vor vielen Jahrhunderten ist es dem Fliegenden Holländer wie uns ergangen. Aber wir haben Gott sei Dank ein GPS. Also Steuermann neuer Kurs...“

3. Gebot: *Du sollst Seekarten, Hafenhandbücher, GPS und alles andere Informationsmaterial stets unter Verschluß halten, auf daß es dir wohlergehe an Bord.*
„Wissen ist Macht“, dieses Wort galt an Land bis zur Erfindung der Computernetzwerke, die Wissen allgemein zugänglich machen. An Bord brauchst du das nautische Informationsmaterial nur unter Verschluß zu halten und schon hast du alles Wissen und daher alle Macht. Zulässig ist es, sich einen Komplizen auszusuchen, meist nennt man den dann Coskipper, der zumindest Zugang zu Karten und GPS hat und als Navigator dient. Hafenhandbücher, Seehandbücher, Notfallhandbücher etc. gibt man aber nicht einmal dem Coskipper.

4. Gebot: *Du sollst zumindest zweimal am Tag den reichen Schatz deiner Erfahrung demonstrieren.*
Zu diesem Zweck ist es außerordentlich förderlich, dir ein bruchstückhaftes Wissen über das eben befahrene Gebiet anzueignen (z. B. aus dem Seehandbuch) und dieses dann bei Gelegenheit so zum besten zu geben, daß die Crewmitglieder an deine ungemeine Erfahrung glauben.
„Elke, siehst du die Huk da vorne? Also, du steuerst so, daß du sie eine Seemeile Backbord läßt. In den vorgelagerten Klippen liegt ein alter Frachter, der hat das nicht gewußt. Ha, ha, ha, oder der Skipper war besoffen, ha, ha, ha. Du kannst auch von jetzt weg 275 Grad fahren, dann kommst du sicher vorbei.“ Die Crew wird ob deiner unglaublichen Ortskenntnis staunen. Fragt man dich, woher du das weißt, winkst du bescheiden ab und läßt deine Augen ruhig über das weite Meer schweifen....

5. Gebot: *Du sollst gelegentlich ein Crewmitglied fragen, was es da eigentlich macht.*

Auf die Frage, „was machst du denn da?", ist praktisch jeder so Befragte eingeschüchtert und beginnt sich automatisch zu rechtfertigen. Seine Rechtfertigung brauchst du dann nur zu hinterfragen. Dies ist eine ungemein subtile Methode zur ständigen Festigung deiner Führungsposition. Dies funktioniert ungefähr so: „Rudi, was machst du denn da?" Rudi, der gerade auf Geheiß des Steuermannes die Fock dichtholt, antwortet: „Ja, ich hole die Fock dicht. Ich habe mich sowieso gefragt, wozu ich die dichtholen soll, sie stand doch ganz gut." Darauf du vorwurfsvoll: „Aber, Rudi, dichtholen heißt doch nicht anknallen."

Oder: „Elke, was machst du denn da?" „Ich schenke euch einen Manöverschluck ein. Ich hoffe, der Wein ist euch nicht zu kalt." Skipper: „Ja, wieso ist der Wein kalt? Hat jemand den Eiskasten laufen lassen? Wollt ihr die Batterie ruinieren?"

6. Gebot: *Du sollst zu den Borddamen charmant sein.*

Frauen haben einen natürlichen Instinkt, Autorität anzuerkennen, während Männer selbst Autorität sein wollen. Bist du bereits als Skipper mit Autorität ausgestattet und solcherart sozusagen der Platzhirsch, werden dich die Damen, ihrem Instinkt folgend, ganz automatisch unterstützen. Ein kleines Beispiel möge dies belegen:

„Also, Leute, wir werden jetzt in dieser Bucht ein wenig ankern", verkündest du und rufst damit den Widerspruchsgeist deiner männlichen Mitsegler hervor. „Warum gerade in dieser Bucht, warum nicht in der nächsten?" „Warum überhaupt ankern, wenn jetzt gerade so guter Wind ist?" „Warum immer ankern, wir sind doch auf einem Segel- und keinem Ankerurlaub?" So ähnlich wird sich die Kritik regen.

Sollten Damen an Bord sein, brauchst du nichts zu tun. Sie nehmen dich als Autorität sofort in Schutz: „Wenn der Skipper gesagt hat ankern, wird geankert. Außerdem ist es hier sehr schön." „Der Skipper hat ganz recht, der gute Wind wird in einer Stunde auch noch blasen." „Du mit deiner Meilenschinderei. Der Skipper weiß das besser, wir sind auf einem Segel- und keinem Meilenschinderurlaub."

Als Dank für die instinktive Unterstützung der Borddamen versprüht der Skipper von Welt Charme. Je nach Konstellation der Crew darf der Skipper seinen Borddamen auch ein Küßchen geben oder sie auf Händen von Bord tragen. Das haben sie gerne, und es fördert auf den geschilderten Umwegen deine Autorität

7. Gebot: *Du sollst dich niemals unter den Tisch trinken lassen.*
Dieses Gebot ist ungemein wichtig und besonders bei reinen Männer-crews unbedingt zu beherzigen. Nichts läßt die Skipperautorität mehr leiden, als wenn der Käptn eine Stunde zu früh unter den Tisch sackt und von der wankenden Crew nach Hause geschleppt werden muß.
Das heißt nun keineswegs, daß der Skipper nichts oder nur sehr wenig trinken soll. Nein er soll, ja muß in der Hafenkneipe tüchtig zulangen, aber stets so dosiert, daß auch der Trinkfesteste der Mann-schaft kurz vor dem Skipper genug hat. Es bedarf ungemeiner Übung und subtilster Dosierung des Alkohols, daß es nach einer feucht-fröh-lichen Runde dem Skipper noch gelingt, ein Glas allein auf das Wohl seiner total weggetretenen Crew zu trinken. Hier kann ich mit Worten leider nicht weiterhelfen, man muß üben, üben, üben.

8. Gebot: *Du sollst jeden Tag eine Geschichte aus deinem Seemannsleben erzählen und darüber Buch führen.*
Jede Crew erwartet, daß ihr Skipper mehr Erfahrung beim Segeln und also mehr erlebt hat als sie selbst. Das muß der Skipper aber auch dar-stellen indem er zumindest einmal, am besten nach dem Abendessen, eine kleine kurze Geschichte aus seinem Seglerleben zum besten gibt, die ruhig im Sinne des „Seemannsgarnes" ein wenig ausgeschmückt sein darf. So nach dem Motto:
„Ja, dieses Glas Bier hier erinnert mich an die Straße von Gibraltar bei Windstärke 10, als uns die amerikanische Mittelmeerflotte entgegen-kam und ich mich mit dem Skipper des Flugzeugträgers über UKW unterhielt, ob sein Schlitz-Bier oder mein Königs-Pilsener besser sei. Das war'n Ding…"
Von größter Bedeutung für den umsichtigen Skipper ist es, über die Geschichten Buch zu führen. Nichts ist nämlich peinlicher, als wenn

die Crew die Augen verdreht und im Chor die ihnen schon bekannte Story zu Ende erzählt.

9. Gebot: *Gebrauche den Sextanten oder steige in den Mast.*
Zwei Dinge sind es, vor denen der Durchschnittssegler großen Respekt hat: der Sextant und der Masttopp. Wer als Skipper an der Stärkung seiner Autorität interessiert ist, benutze zumindest gelegentlich den Sextanten und schaue damit in die Sonne (Vorsicht! Filter vorklappen, sonst ist man geblendet und offenbart sich als Ignorant). Mindestens so gut ist es, an einem ruhigen Tag im Hafen den Bootsmannsstuhl zu besteigen und sich von der Crew in den Masttopp hochziehen zu lassen. (Ebenfalls Vorsicht! Nichts ist peinlicher als wenn man zwei Meter unter der ersten Saling mit zitternden Knien wieder heruntergelassen werden möchte).

10. Gebot: *Du sollst die Gebote 1 bis 9 nicht allzu ernst nehmen.*

Wer schläft mit wem?

Von Morgen- und Abendmuffeln und den Tücken der Wacheinteilung

Menschen sind sich einander unheimlich ähnlich. Üblicherweise hört man dies nicht gern, weil doch jedermann (und erst recht jedefrau) glaubt, ein besonders einmaliges Individuum zu sein. Psychologen wissen ganz genau, daß das leider nicht stimmt. Wir Menschen sind einander so ähnlich wie Hunde, Katzen oder Meerschweinchen.

So ist es zum Beispiel ein leichtes, die gesamte Menschheit, bestehend aus mehreren Milliarden Weißen, Schwarzen, Gelben, Roten etc., in zwei einfache Gruppen einzuteilen: Morgenmenschen und Abendmenschen. Die einen – die Morgenmenschen – haben, wie der Terminus ja schon ausdrückt, ihre beste Zeit am Morgen. Sie stehen mit den Hähnen auf, sind sofort voll da, gut aufgelegt, aktiv, denkfähig und brennen darauf, möglichst früh mit der Arbeit zu beginnen.

Abendmenschen, welche am Morgen unbrauchbar und meist auch ungenießbar sind, hassen die „widerwärtige Morgenfröhlichkeit" der Morgenmenschen. So gut es der Morgenmensch in der Frühe hat, so problematisch wird es gegen Abend. Meist schleppt sich der Morgenmensch gerade noch zum Abendessen, um unmittelbar nach dem letzten Bissen (oder letzten Schluck) den Kopf auf die Brust sinken zu lassen und somit mittels der sogenannten non-verbalen Kommunikation unmißverständlich zu erkennen zu geben, daß er seine Ruhe haben möchte.

Der Morgenmensch kann frühmorgens die tollsten Pläne machen, abends ist er nicht einmal im Stande, die Frühnachrichten im Fernsehen zu Ende zu sehen.

Der Abendmensch hingegen läuft erst nach Sonnenuntergang zu seiner Höchstform auf, die sich kontinuierlich auch noch nach Mitternacht steigert. Morgens hingegen ist er mürrisch bis streitsüchtig. Man läßt ihn am besten in Ruhe und spricht ihn erst gegen Mittag an, wo er allmählich erwacht und am allgemeinen Leben teilnimmt.

Lebenserfahrene Menschen wissen, daß die Zuordnung als Morgen- oder Abendmensch über den Erfolg in der Ehe und im Beruf entscheiden kann. Ist er Morgenmensch und sie Abendmensch, wird das Zusammenleben mit Sicherheit entweder problematisch oder auf die Zeit zwischen 12.00 und 16.00 Uhr beschränkt. Die Hoffnung auf Nachkommenschaft sinkt hierdurch beträchtlich.

Beruflich eignen sich Morgenmenschen besonders gut als Bäcker, Lehrer oder Moderatoren des Morgenjournals. Abendmenschen sind die geborenen Wirte, Nachtwächter oder Opernsänger. Aber auch historisch bedeutsame, den Lauf der Welt beeinflussende Ereignisse wurden durch die Zuordnung als Morgen- oder Abendmensch entschieden. Wäre Cäsar beispielsweise ein Morgenmensch gewesen – die verführerische Kleopatra hätte keine Chance gehabt. Galileo Galilei hätte zweifellos als Morgenmensch länger gelebt, weil er dann nächtliche Beobachtungen der Gestirne vermieden hätte und somit auch nicht die Gelegenheit bekommen hätte, durch seine unbedachte Äußerung, „und sie bewegt sich doch", den Zorn der Inquisition zu erwecken, welche ihn bekanntlich frühzeitig ins Jenseits befördert hat.

Neben dem Einfluß auf die Weltgeschichte ist die Zuordnung als Morgen- beziehungsweise Abendmensch heutzutage besonders beim nächtlichen Segeln und der dafür notwendigen Wacheinteilung von größter Bedeutung.

Was bedeutet eigentlich das Wort „Wache" im seemännischen Sinn? Im Segler-Lexikon liest man unter anderem: „Die Seewache bedeutet auf Yachten die routinemäßigen Bordarbeiten der Besatzung, um jedem in der Freiwache genügend Zeit für Schlaf und Erholung zu geben." Eine wunderschöne, im üblichen Charter- und Urlaubsbetrieb jedoch eher theoretische Definition.

Üblicherweise verbindet der Segler mit „Wache" das Verbot zu Schlafen und versucht sich daher vor der Wache zu drücken. Meist gelingt dies höchstens dem Skipper, der argumentieren kann, er müsse stets voll einsatzbereit sein. Der erfahrene Skipper einer Charteryacht im Urlaubsbetrieb allerdings versucht meist gar nicht, mit derartigen fadenscheinigen Argumenten zu kommen, sondern teilt sich freiwillig

„Was du doch für ein Glückspilz bist,
diesen grandiosen Sonnenaufgang zu erleben!"

mit ein. Er weiß nämlich, daß trotz großartiger Wacheinteilungen, über die ich im weiteren berichten werde, die sogenannte „Freiwache" (also jene Mitsegler, die eigentlich schlafen könnten) das Privileg des Schlafen-Könnens meist gar nicht ausnützt, sondern, besonders im ersten Teil der Nacht, ebenfalls wacht und die Müdigkeit mit größeren Mengen Rotwein sowie dem Erzählen schlüpfriger Witze vertreibt. Die dabei entstehende Atmosphäre ist, besonders durch lautstarkes Lachen, zum Einschlafen nicht geeignet, so daß der Skipper auf sein Privileg getrost verzichten kann.

Trotzdem ist die Wache natürlich genau einzuteilen. Dies ist ein psychologisch besonders schwieriges Unterfangen, um das kein Skipper der Welt zu beneiden ist. Sachlich wäre es relativ einfach. Bei sechs Mann/Frau Besatzung bieten sich entweder zwei Wachen zu je drei Mann/Frau oder drei Wachen zu je zwei Mann/Frau an. Von letzterer Möglichkeit sollte der kluge Skipper, zumindest bei gemischter Crew keinen Gebrauch machen. Teilt er nämlich (Ehe)paare ein, pflegen diese infolge Langeweile in der Plicht einzuschlafen. Teilt er ein Männlein mit einem Weiblein ein, die keine Paarbildung eingegangen sind, könnte die Paarbildung am nächsten Tag vollzogen sein, was wiederum der in der Freiwache befindliche eigentliche Partner nicht schätzt.

Die gleichzeitige Einteilung von zwei Männern wäre natürlich problemlos möglich, hat jedoch den nicht zu übersehenden Nachteil, daß man dann auch eine Wache mit zwei Frauen fahren müßte. Dies soll angeblich für die Sicherheit des Schiffes und der Crew nicht so günstig sein, von Topseglerinnen einmal abgesehen. Daher mein Rat für Fahrtensegeln im Urlaub: Bilde stets Wachen mit einer ungeraden Zahl. Meist werden es drei sein.

Im weiteren ist natürlich auf das seglerische Können der in den jeweiligen Wachen eingeteilten Personen zu achten. Einer sollte zumindest so viel können, daß er weiß, wann man den Skipper wecken muß. Dieser wird dann als „Wachführer" bezeichnet und ist mit allen Insignien der seemännischen Macht für die Zeit der Wache ausgestattet.

Das nächste Problem ist die sogenannte erste und zweite Wache (auch als Steuerbord- und Backbordwache bezeichnet). Die erste Wache, die an den Abend anschließt, gilt allgemein als günstiger, die zweite Wache, die irgendwann in der Nacht beginnt und am Morgen endet, als weniger beliebt und hat daher auch die Bezeichnung Hundewache erhalten.

Hier scheiden sich nun die Morgen- von den Abendmenschen. Der Abendmensch sollte unbedingt für die erste Wache eingeteilt werden, denn er wird unter keinen Umständen früh schlafen gehen und ist daher bei der zweiten Wache müde und unverläßlich. Schläft er nach gutem Zureden und versehen mit dem nötigen Flüssigen dennoch vor Mitternacht ein, ist er praktisch unerweckbar. Sollte dies dennoch wider Erwarten gelingen, so wird er so ungenießbar sein, daß es für die Mitsegler keine reine Freude ist. Der Morgenmensch hingegen wird sich eher um 9 Uhr abends hinlegen und um 2 Uhr früh zwar auch nicht gerne aufstehen, aber sofort aktiv und fröhlich sein und sich auf den Sonnenaufgang freuen.

Der demokratische Skipper wird zweifellos eine Diskussion darüber zulassen, wann die Wachen beginnen und wie lange sie dauern sollen. Der Skipper, der dies einmal versucht hat, wird es wahrscheinlich nie wieder tun.

Die anwesenden Abendmenschen gehen bekanntlich routinemäßig erst nach Mitternacht zu Bett und wünschen daher auch einen Wachbetrieb erst ab Mitternacht, dafür aber bis 10.00 Uhr vormittags.

Die Morgenmenschen, welche das Bett am liebsten schon um 21.00 Uhr aufsuchen, wollen die Wache zu diesem Zeitpunkt beginnen lassen, die Wacherei sollte aber um spätestens um 6.00 Uhr früh beendet sein, denn zu diesem Zeitpunkt könne man doch verlangen, daß alle wieder aufstehen, um den wunderschönen rotgoldenen Sonnenaufgang zu bewundern. Die Abendmenschen hingegen können einem Sonnenaufgang rein gar nichts abgewinnen, nicht zuletzt deswegen, weil sie noch nie Gelegenheit hatten, die Schönheit dieses Naturschauspiels zu bewundern.

Sollten Sie einmal Skipper sein, sage ich Ihnen, es ist vollkommen wurscht, wann Sie die Wache beginnen oder enden lassen. Hauptsache Sie machen es nicht demokratisch. Das bringt Ihnen und der Crew nur Ärger. Bewährt hat sich ein Beginn der ersten Wache um 23.00 Uhr und ein Ende um 03.00 früh. Dann kommt die zweite Wache bis 07.00 Uhr. Auf großer Fahrt, wenn mehrere Nächte hintereinander gesegelt wird, muß man natürlich genauer vorgehen und unter Umständen tatsächlich drei Wachen einteilen. In der ernsthaften Fahrtensegler-Literatur gibt es hierzu die tollsten Schemata (die meist nicht eingehalten werden).

Was tut nun die Wache? Das ist von Schiff zu Schiff ganz verschieden und in erster Linie von der Ausrüstung der Yacht abhängig. Auf Luxusyachten, die mit Autopilot, Kartenplotter in Verbindung mit GPS, Radar mit Weckeinrichtung etc. ausgerüstet sind, gibt es eigentlich gar nichts zu tun. In diesem Fall ist eine gemischte Zweierwache wegen der angesprochenen Paarbildung besonders ungünstig. Bei der üblichen Charteryacht, die über derartige kommunikationsfördernde Elektronik nicht verfügt, muß jeweils einer Ruder gehen, einer navigieren und alle zusammen nach Schiffen, Leuchttürmen etc. Ausschau halten. Nach Möglichkeit sollte man danach trachten, nicht allzuviele Segelmanöver zu fahren, weil dies nicht nur durch die Bedienung der Winschen ungeheuren Krach macht, die Schläfer stört sowie den Skipper beunruhigt, sondern vor allem auch die Lage des Schiffes verändert und die Freunde von der Freiwache in ihren Kojen herumrollen.

Bei auftretenden Schwierigkeiten kann es notwendig sein alle Mann aufzuwecken: der sogenannte „all-hands-Fall". Der nächtliche Ruf, „alle Mann an Deck!", hat leider meist keinerlei Wirkung, und jeder Wachführer muß sich darüber im klaren sein, daß zwischen seinem Ruf und dem Erscheinen des ersten Mannes der schlafenden Freiwache beträchtliche Zeit vergehen kann. Es ist im Notfall daher angezeigt, nicht nur zu rufen, sondern neben den akustischen Reizen auch solche folgen zu lassen, die in Form von rütteln, boxen, zerren etc. direkt auf den Leib des Schlafenden gerichtet sind.

Lassen Sie sich nun aber trotz der hier in realistischer Weise angeführten Vorkommnisse im Rahmen von Nachtfahrten nicht von diesen abhalten. Nachtfahrten gehören zu den großartigsten Erlebnissen beim Segeln: der Sonnenuntergang, die eigentümliche Stimmung in der Dunkelheit, das phosphoreszierende Meereswasser, die Spannung, das Morgengrauen und schließlich der Sonnenaufgang. Dazu die Anspannung aller Sinne in der ungewohnten Situation und die Freude der Crew, wenn der neue Tag endlich da ist!

Ein Mann für alle Fälle

Von den Multifunktionen eines Skippers und
was sonst noch von ihm erwartet wird

*Die menschliche Gesellschaft hat ihren Bestand und ihren Fortschritt jenen
zu verdanken, die im Stande, vor allem aber bereit sind, Verantwortung für
andere zu übernehmen, dafür nichts verlangen – und die daher auch nichts
bekommen.*

*Derartiges beginnt bereits im zarten Kindesalter, wenn die ältere Schwester
von den Eltern vor dem Einkaufsbummel aufgefordert wird, auf das kleine
Baby aufzupassen. Sicherlich wird die ältere Schwester die neue Verantwortung gerne übernehmen, weil sie von den Eltern gelernt hat, daß „Verantwortung übernehmen" etwas Positives ist. Sie übersieht dabei natürlich, daß
sie streng genommen gar nichts davon hat von diesem „Verantwortung übernehmen". Einige Jahre später wird dieselbe ältere Schwester Klassensprech-
rin und neuerlich übernimmt sie Verantwortung, diesmal schon für 20 bis
30 Schulkollegen, und wiederum hat sie eigentlich nichts davon. Ganz im
Gegenteil. Sie riskiert selbst Probleme zu bekommen.*

*Derartige Beispiele ließen sich nun fast ohne Ende anführen. Der Haupt-
mann der freiwilligen Feuerwehr beispielsweise, der unbekannt und meist
auch unbedankt seine wichtige Aufgabe wahrnimmt. Das Vorstandsmitglied
eines Segelclubs, das viel Freizeit investiert, damit andere ihre Freizeit besser nutzen können, ja, vielleicht sogar der eine oder andere Politiker, der im
Zivilberuf vielleicht weniger Arbeit und mehr Verdienst hätte.*

*Interessanterweise übernimmt höchstens ein Promille der Menschen (also
einer von 1000) Verantwortung für andere. Die restlichen 999 haben entweder von ihren Eltern nicht gelernt, „Verantwortung übernehmen" sei positiv,
oder sie sind klüger als der eine von 1000 und haben bereits frühzeitig
erkannt, „Verantwortung übernehmen" ist nicht nur positiv, sondern auch
arbeitsintensiv und damit teuer.*

Das Phänomen der anscheinend „irren Typen", die etwas für andere tun und dafür nichts bekommen, ist so alt wie die Menschheit selbst. Da gab es im Alterum zum Beispiel den berühmten Seefahrer Odysseus, seines Zeichens König von Ithaka, einer prächtigen griechischen Insel, wo er sicher sehr zufrieden mit Penelope, seinem schönen Weibe, lebte. Was tut jedoch dieser Odysseus? Er meldet sich freiwillig zum Trojanischen Krieg, der mit Hilfe seiner Idee des hölzernen Pferdes gewonnen wird, nimmt unendliche Mühsal auf sich, um seine Crew wieder heim zu bringen, kehrt nach vielen Jahren endlich wieder nach Ithaka zurück und ist dort noch gezwungen die Freier, welche seine schöne Frau belästigen, mit Hilfe seiner Muskelkraft zu vertreiben. Ja, bitte, war denn dieser Odysseus, der als Ausbund der Klugheit gilt, eigentlich nicht wirklich dumm? Wozu tat er sich das alles an? War es in Ithaka denn nicht schön genug?

Ähnliche Schicksale von Verantwortung übernehmender Menschen, die nichts (außer vielleicht ein bißchen Schaden) davon haben, gibt es dutzendweise. Die Menschheit lebt von diesen Menschen. Wie sich das damit an Bord und auf See verhält, ist im folgenden nachzulesen.

Anzeige in einer Tageszeitung: „Mitarbeiter (Mann oder Frau) gesucht mit gleich guten Kenntnissen und Erfahrungen als Animateur, Reiseleiter, Psychologe, Koch, Elektriker, Mechaniker. Fremdsprachenkenntnisse je nach Einsatzgebiet erforderlich. Hervorragendes nautisches Verständnis und überdurchschnittliches Wissen in Medizin und Recht wird vorausgesetzt. Die Entlohnung wird, so wie international üblich vorgenommen, also gar nicht. Unter ‚Skipper' an den Verlag."

Wenn Sie sich mit dem Gedanken tragen, es je einmal als Skipper zu versuchen, rate ich Ihnen grundsätzlich davon ab. Viel gemütlicher, nervenschonender und meist auch billiger ist es, „Crew" zu sein. Können Sie aber der Versuchung kaum noch widerstehen, so lesen Sie die nächsten Zeilen besonders aufmerksam.

Ein gut bezahlter Reiseleiter eines x-beliebigen Reisebüros führt alle ein bis zwei Wochen ein paar Leute ins Ausland, organisiert Flug, Hotel und drei Ausflüge, und damit ist die Sache meist erledigt. Lieber künftiger Skipper, was dich erwartet ist etwas gänzlich anderes. Du hast beispielsweise keine Prospekte mit fixen Angeboten. Du wirst dich also durch den Dschungel von verschiedenen Flugmöglichkeiten durchkämpfen, etwa acht Reisebüros anrufen und schließlich das dir am besten erscheinende Angebot deiner künftigen Crew mitteilen.

Jetzt bereits wirst du deine geforderten psychologischen Kenntnisse dringend brauchen. Der eine hätte gerne den billigsten Flug, auch wenn er um 1 Uhr nachts weggeht und um 4 Uhr früh am Ziel ankommt. Es kann auch ohne weiteres ein Flug der „Do it yourself Airlines" in Zusammenarbeit mit „Second Hand Air" sein, Hauptsache es ist billig. Das andere Crewmitglied hat Sicherheitsbedenken und bevorzugt die nationale Fluglinie; wieder ein anderer ist nicht bereit in der Nacht zu fliegen. Schließlich einigt ihr euch auf ein Mittelding zwischen Preis und Sicherheit; der Flieger geht um 20 Uhr ab, und es gelingt dir gerade noch zu argumentieren, daß man dann um 23 Uhr 40 ankommt, und das ist nach den Gebräuchen des Urlaubslandes mitten am Tag. Du begibst dich nun hoffnungsfroh ins Reisebüro um zu buchen, wo du erfährst, daß gerade dieser Flug bereits ausgebucht ist. Die nette Dame vom Reisebüro erklärt dir, daß dieser Flug so beliebt ist, weil er verhältnismäßig billig ist, mit einer guten Linie und doch immerhin schon um 23 Uhr 40 ankommt, eine Zeit, die in dem Land ja praktisch noch mitten am Tag ist.

Um nur ja früh genug dran zu sein begibst du dich schon im Februar in die Buchhandlung, um Seekarten und Hafenhandbücher zu erstehen. Du kannst sicher sein, daß du beides nicht erhalten wirst. Die Seekarten sind zwar vorhanden, aber leider noch nicht berichtigt. „Wann fahren Sie denn?" fragt der Buchhändler. „Im Oktober." „Also, lieber Herr, da haben Sie doch noch ein paar Monate Zeit," meint der nette Buchhändler. Das nötige Hafenhandbuch ist momentan vergriffen, soll aber noch rechtzeitig im September kommen. Ich rate dir, künftiger Skipper, falle dem lieben Buchhändler alle Wochen mit einem Anruf auf die Nerven, ob das Gewünschte schon da ist. Tust du dies nicht, sind die Sachen dann, wenn du meinst, nun müßten sie eingetroffen sein leider schon wieder weg.

Aber schließlich gilt es eben ein paar Schwierigkeiten zu meistern, dafür wird es an Bord doch herrlich werden. Ja, ganz sicher – allerdings vor allem für die Crew.

Die Crewmitglieder setzen beim Skipper als selbstverständlich voraus, daß er weiß wo Luv und Lee, Steuerbord und Backbord ist. Was sie zusätzlich verlangen, ist zum Beispiel die Tätigkeit eines rund um die Uhr anwesenden Animateurs.

Es beginnt in der Früh, wenn die Verschlafenen aus den Kojen kriechen. Der eine hätte gerne ein kleines Scherzchen des Skippers, um den ersten Morgenschmerz und eventuellen Kater besser zu meistern. Der andere hingegen wird bereits aggressiv, spricht man ihn vor dem ersten Kaffee an und wäre mit einem kleinen Scherzchen nicht gut bedient.

Den rauhen Seegang draußen vor dem Hafen hat der Skipper, um die Crew nicht zu beunruhigen, abzutun mit einem fröhlichen, „na endlich mal eine kleine Brise", und kommt ein paar Tage später die öde und nervtötende Flaute wäre es günstig, wenn der Skipper ein paar einfache Gesellschaftsspiele auf Lager hätte, um die Crew zu unterhalten bis der Wind wieder auffrischt.

Vor allem will die Crew natürlich kräftig gelobt werden. Steht beispielsweise Inge (es könnte auch ein Ingo sein), die gerade den A-Schein hinter sich hat, am Steuer und das Schiff geigt gewaltig durch die Wellen, so daß man schon auf Halbwindkurs mit der Möglichkeit einer Patenthalse rechnen muß, will Inge natürlich trotzdem gelobt werden, weil sie die Angelegenheit aus ihrer Sicht ganz super macht. Also, lobe, auch wenn dir gar nicht danach ist.

Die medizinischen Fragen, welche an den Skipper herangetragen werden, sind mannigfaltig und reichen von „Bauchweh" infolge zu viel festen Speisen bei zu wenig Flüssigem, oder zuviel Flüssigem bei zu wenig gleichzeitiger Einnahme von Festem, über Seeigelstachel in der Ferse, Sonnenbrand überall, wehe Zehe infolge Segeln ohne Bootsschuhe bis hin zu Quallenverätzungen und brechenden Herzen nach näherer Hinwendung zu Angehörigen des anderen Geschlechtes. Letztere Krankheit ist im Volksmund als Urlaubsflirt bekannt. Und damit sind wir bereits mitten drin in den psychologischen Anforderungen an den Skipper.

Urlaubsflirts von Crewmitgliedern sind ein ernstzunehmendes Problem an Bord, von dem es grundsätzlich zwei verschiedene Arten gibt. Ein Tête-à-tête eines Crewmitgliedes mit einem Angehörigen des Gastlandes kann zu kleinen Komplikationen führen, wie zum Beispiel verspätetem Auslaufen aus dem Hafen, wenn der- oder diejenige in der Früh beim Frühstück fehlt und erst gegen Mittag einigermaßen erschöpft und verschlafen an Bord kommt. Juristische Fähigkeiten werden vom Skipper dann verlangt, wenn von dem mit einem jungen Exemplar des Gastlandes flirtenden Crewmitglied (im Folgenden kurz „Flirter" genannt) in der wunderschönen Vollmondnacht bei süßem Wein Versprechungen abgegeben wurden, die anderntags nicht zu halten sind. Im einfachsten Fall kommt das junge Exemplar des Gastlandes gemeinsam mit dem Flirter aufs Boot und möchte auch ein Frühstück haben. Das wäre noch relativ leicht zu regeln. Kommt allerdings auch gleich der Herr Papa mit und fordert die Versprechungen des Flirters ein, wird es für diesen eng und für den Skipper problematisch. Hier hilft nur mehr die unbemerkte Erreichung der Dreimeilenzone und somit die Anonymität internationaler Gewässer.

Der Flirt zwischen zwei Crewmitgliedern ist für den Skipper noch viel schwieriger zu meistern. Sind die beiden Flirtenden ungebunden, ist es weiter kein Problem. Die Verliebten werden dann meist sich aneinander festhaltend, in der Plicht sitzen, die Welt um sich vergessen und somit für die nautischen Aufgaben kaum mehr zur Verfügung stehen. Da sie in der Plicht sowieso nur im Weg sind, schickt sie der welterfahrene Skipper hinunter in die Kabinen, was meist dankbar angenommen wird.

Kraß störend ist ein Flirt von Crewmitgliedern, die sehr wohl bereits eine Bindung mit einem anderen Partner eingegangen sind. Befindet sich dieser noch dazu an Bord, dann Skipper ist dein gesamtes psychologisches Repertoire, dein Durchsetzungsvermögen, vor allem aber dein Durchhaltevermögen gefordert. Um derartigen Problemen aus dem Weg zu gehen wurden seit alters her (man denke zum Beispiel an Herrn Columbus) Männercrews bevorzugt und angenommen, Frauen

auf einem Schiff brächten Unglück. Dieser Meinung kann man sich heute natürlich nicht mehr anschließen. Dennoch kenne ich nicht wenige Segler, die ihren Sport nur in Männercrews ausüben.
Heute, in Zeiten in denen Selbstverwirklichung und Emanzipation angesagt sind, bilden sich sozusagen als Gegenpol reine Frauencrews. Ich wollte meine Bordfrau schon des öfteren überreden, in einer reinen Frauencrew mitzumachen, um an Insiderinformationen zu kommen, leider hat meine Bordfrau dieses Ansinnen bisher stets abgelehnt.

Wenn Sie, angehender Skipper, nun noch immer nicht abgeschreckt sind und meinen, mit den geschilderten Umständen leicht fertig werden zu können, sind Sie wahrscheinlich wirklich nicht mehr zu retten. Bedenken Sie aber, daß zu den genannten Aufgaben noch das sogenannte „Unvorhergesehene" dazukommt.
„Wir sinken!" Diesen Aufschrei eines Crewmitgliedes an einem ruhigen Segeltag vor der türkischen Küste bei Windstärke 1 und wellenloser See, hältst du vorerst für einen Scherz. Als du allerdings einen verschlafenen Blick hinunter in den Salon machst und siehst, daß die Bodenbretter bereits aufschwimmen, wirst du munterer. Nun ist die Sache vom Nautischen her für den gelernten Skipper kein Problem. Lenzen mit allen Lenzeinrichtungen – Leckfeststellung – Leckbeseitigung - Vorbereitung der Rettungsinsel – Vorbereitung eines Mayday-Rufes, all das hast du hoffentlich gelernt und beherrscht du.
Im Rahmen der Leckfeststellung erkennst du dann das offene Seeventil am WC und schließt es, womit das Leck auch beseitigt wäre. Das eigentliche Problem allerdings ist, daß der unerfahrene WC-Geher nicht nur das Ventil zu schließen vergessen hat, sondern auch reichlich Papier verwendete und somit das WC verstopft ist. Wer kann es reinigen? Der Skipper natürlich! Wenn du dann bis zur Achselhöhle im Abfluß des WCs steckst, inmitten der Dinge die da so gemacht wurden, dann weißt du auch, was unter „Unvorhergesehenes" zu verstehen ist.

Dinner bei Mondenschein

Von den Chancen, einen Freiwilligen für den
Abwasch zu finden

*Wir sind uns in unserer Überflußgesellschaft dessen nur nicht immer voll
bewußt, aber „Essen" spielt im Leben eine ungeheuer große Rolle, vielleicht
die größte Rolle überhaupt. Das beginnt schon beim Neugeborenen: Hat dieses junge Leben, das noch von keinerlei Vernunft geleitet ist, eine ausreichende Menge angenehmer Nahrung, ist es glücklich und macht andere
glücklich. Nichts ist reizender als ein sattes, gut genährtes und offensichtlich
zufriedenes Neugeborenes. Stimmt etwas mit der Ernährung nicht, so brüllt
das kleine Wesen, und zwar entsetzlich und nervtötend, bis die ausreichende
Menge an angenehmer Nahrung zur Verfügung gestellt wird, am besten in
Form der Mutterbrust.*

*An diesem natürlichen Ablauf der Instinkte ändert sich in späteren Jahren
gar nichts, zumindest bei männlich Geborenen. Wenn diese, bereits von
voll ausgebildeter Vernunft geleitet, abends hungrig nach Hause kommen,
sind sie ebenfalls glücklich und machen andere glücklich, wenn eine ausreichende Menge angenehmer Nahrung zur Verfügung steht. Stimmt etwas mit
der Ernährung nicht, pflegen auch die nun großen Wesen unangenehm zu
werden, bis die ausreichende Menge an angenehmer Nahrung angeboten
wird.*

*Gemeinsames Essen hat eine ungeheure soziale Dimension. Wer mit
jemand zusammen gegessen hat, empfindet zu diesem Menschen eine andere Beziehung. Das wissen Politiker ebenso wie geschickte Verhandler und
junge Männer, die sich junge Damen gewogen machen wollen.*

*Wie stets ist es auch an Bord nicht anders wie im sonstigen Leben. In der
heutigen Zeit allerdings ist nicht mehr so sehr die Qualität und Quantität
der Bord-Ernährung entscheidend, sondern es sind so einfache Fragen
wann, wo und wie wird gegessen und vor allem – wer wäscht ab.*

Segelcrews lassen sich, meiner Erfahrung nach, in mehrere Gruppen einteilen, nach den Essensgewohnheiten und den Wünschen, wo und wie gegessen werden soll. Die Kenntnis der Typologie der jeweiligen Crew kann für das Gelingen des Törns von psychologisch überragender Wichtigkeit sein.

1. Die *Nur-Restaurant-Crew:* Diese Crew lehnt Selbstgemachtes aus der Schiffskombüse rundweg ab und möchte grundsätzlich, so ein Hafen zur Verfügung steht, dort in einem Restaurant, einer Pizzeria, Taverne, jedenfalls in einem einheimischen Lokal essen gehen.

2. Die *Nur-Kombüse-Crew:* Diese Crew lehnt meist aus finanziellen Überlegungen Restaurants ab und möchte jeden Abend ein möglichst einfallsreiches Dinner an Bord genießen. Diese Crews nehmen meist bereits einen Smutje mit, der die Kochkunst einigermaßen beherrscht, von sonstigen Arbeiten befreit ist und sich nur der Kombüse zu widmen hat.

3. Die *Sowohl-als-auch-Crew:* Diese entspricht zu Beginn des Törns im Prinzip der „Nur-Restaurant-Crew", besinnt sich aber gegen Ende und angesichts der leeren Bordkasse auf die Vorteile des Hausgemachten.

„Wißt ihr was, heute abend machen wir ein tolles Bord-Dinner!" Derartige euphorische und begeisterte Ankündigungen werden mit großer Freude aufgenommen, besonders dann, wenn nach zwei Wochen Italien die „Lasagne al forno" und die „Frutta di mare" ihren Reiz verloren haben oder bei einem Törn in Griechenland man die „Souflaki" schon nicht mehr sehen kann und auch „Zaziki" und „Dolmatakia" ausreichend verkostet sind.

Einen Supermarkt gibt es heute schon im kleinsten Hafen, und also begibt sich die Crew dorthin. Drei, vier Einkaufswagen fahren schon die langen Regale entlang, und man nimmt alles was man so für ein Bord-Dinner brauchen könnte. Teigwaren, Staubzucker, Oliven und Sardellen, frischen Fisch, Hundefutter, Schweineschnitzel, Zündhölzer, Pfefferkörner, Suppensäckchen, Eier, Senf, Sardellenringerln und vieles andere mehr wird von der Bordkasse beglichen. Das alles kann man sicher brauchen, und essen wir es nicht heute, dann eben morgen. Das Ganze ist viel billiger als wenn acht Mann/Frau essen gehen.

Wieder an Bord muß die drängende Frage geklärt werden, wer eigentlich kochen wird. Einer macht den Vorschlag „die Frauen". So kann nur ein Anfänger sprechen, denn er hat zu erwarten, daß er von den anwesenden Crewmitgliedern weiblichen Geschlechtes eine Vorlesung über Emanzipation im allgemeinen und an Bord im besonderen erhält und von weitsichtigeren männlichen Kollegen darüber belehrt wird, daß man die Frauen zum Abwaschen brauche. Man kann jetzt nur hoffen, daß sich einer wenigstens meldet, der die Verantwortung und die Arbeit des Essenmachens übernimmt.

Derjenige, welcher sich nun meldet, ist ganz sicher ein alter Hase, der weiß, daß „Essenmachen" aus den Teilarbeiten „Essen zubereiten" und „Tisch decken" besteht. Da alle bereits der Hunger plagt, wird bei den genannten Teilarbeiten die gesamte Crew mithelfen.

Nach dem Essen allerdings kommen drei weitere Teilarbeiten, nämlich „abräumen", „abwaschen" und „wegräumen". Diese Teilarbeiten sind meist viel weniger geschätzt als die ersten beiden, und keiner will da so recht ran. Der „Essenmacher" kann nun mit Recht darauf hinweisen, daß er für das Essen an sich Sorge getragen und somit geschont werden müsse.

Nun werden also die eingekauften Schätze ausgebreitet und es geht an die Menüplanung. Frische Fische muß man auf alle Fälle verwerten, sonst werden sie kaputt. Was kann man dazu machen? Wir hätten Teigwaren, Staubzucker, Oliven und Sardellen, Hundefutter, Zündhölzer, Suppensäckchen, Eier etc. Die Sache ist nicht so einfach.

„Vielleicht kann man die Fische in irgendeiner Form als Vorspeise machen", wirft ein findiges Crewmitglied weiblichen Geschlechtes ein. Das ist die Lösung! Als Hauptspeise könnte man dann die Schweineschnitzel nehmen. Wer kennt ein Rezept, das Oliven, Hundefutter, Zündhölzer, Eier und Sardellenringe mitverwerten läßt? Die Sache beginnt einigermaßen schwierig zu werden.

„Skipper, was meinst du?" ist wie so häufig die Frage. „Eintopf", ist die lapidare Antwort – und es entsteht im Laufe der nächsten Stunde eine der unzähligen Varianten der wohl meistgekochten Bordspeise. Es wird (fast) alles verwertet, entsprechend akzentuiert gewürzt, und schließlich durchziehen vielversprechende Düfte das Schiffsinnere. Allen schmeckt es, die Schärfe der Mahlzeit kann durch Getränke gemildert werden, schließlich sind alle satt und zufrieden.

Jetzt allerdings beginnt das eigentliche Problem. Wer räumt wieder alles ab, wäscht das Geschirr und ordnet dieses in die entsprechenden Schapps? Da gibt es Crewmitglieder, welche infolge Milderung der Schärfe der Mahlzeit durch Einverleibung entsprechender Getränke offensichtlich gar nicht mehr in der Lage sind, diese Tätigkeiten durchzuführen. Den Skipper traut sich niemand dazu aufzufordern, der „Essenmacher" ist aus psychologischen Gründen befreit, also wird es schwierig.

Ist es schließlich aber doch gelungen, Mann/Frau für diese ungeliebte Arbeit zu finden, kann der Abwasch losgehen – glaubt man. Meist sind noch einige kleine Probleme zu klären. Süßwasser-Sparmeister möchten grundsätzlich nur mit Seewasser abwaschen. Reinlichkeitsfanatiker führen ins Treffen, daß das Seewasser heutzutage nicht mehr genügend sauber wäre. Alte Hasen bevorzugen, in welchem Wasser auch immer, einen Schuß „Pril", haben aber nicht mit den Umweltschützern gerechnet, die einer weiteren Belastung der Meere nicht zustimmen können. Die Tatkräftigen wollen sofort abtrocknen und wegräumen, die Ökonomischen meinen, das Geschirr würde auch trocknen, wenn man es über Nacht stehen läßt und dann erst in die Schapps räumt. Der erfahrene Skipper unterdrückt derartige Diskussionen nicht, rückt allerdings jegliche Alkoholika erst wieder nach erfolgtem Abwasch heraus, das beflügelt das Team ungemein.

Wer in der günstigen Lage ist einen richtigen Smutje an Bord zu haben, also einen Mann, der sich nur um das leibliche Wohl der Crew kümmert, kann sich glücklich schätzen. Ein Koch kann die wichtigste Person an Bord sein. Er ist der leibliche Vater der Crew, alle kommen mit ihren persönlichen Nöten zu ihm, er weiß um ihre Vorlieben und Schwächen, er sorgt sich zartfühlend um Seekrankheit, Heimweh und Liebesleben der seiner Kochkunst Anvertrauten. Er kann die ganze Crew, wenn Flaute an den Nerven zehrt, durch seine Kunst wieder aufrichten, er schlichtet durch Speis und Trank Streit und verleiht der Mannschaft durch das Ergebnis seiner Arbeit Kraft und Mut.

Interessanterweise ist der Smutje meiner Erfahrung nach stets ein Mann. Ich habe schon viele Frauen getroffen, die stundenlang das Schiff steuerten, sich gekonnt um die Navigation kümmerten, die Knoten im Schlaf beherrschten, mit Tauwerk wie Männer umgingen und auch die Manöverschlucke wie Männer verdrückten. Niemals jedoch habe ich einen weiblichen Smutje gesehen. Woran das nur liegen mag? Jedem frisch gebackenen Skipper (die alten Hasen wissen das sowieso) sei daher geraten, von einer Frau alles an Bord zu verlangen, jedoch niemals, daß sie den Smutje spielen solle.

Köche sind Künstler. Und wie man niemals zwei Komponisten sagen würde, sie sollen zusammen eine Symphonie komponieren, oder zwei Maler bitten würde, gemeinsam ein Bild zu malen, so kann man auch an Bord – ist man in der seltenen Lage, zwei Köche mitzuhaben – nicht verlangen, daß sie beide an einem Gericht kochen. Entweder wechseln sich die beiden ab, oder einer ist für Vor- und Nachspeise, der andere für das Hauptgericht zuständig.

Eines braucht der Smutje jedenfalls – Lob. Er wird dann trachten, die nächste Mahlzeit noch besser als die letzte zu machen, er wird noch einfallsreicher sein und noch einen Gang mehr zubereiten. Beginnt in der Mitte des Törns die Hose um den Bund etwas zu spannen, empfiehlt es sich, mit Lob für den Smutje etwas zurückhaltender zu werden, es wird sich dies sofort in weniger schmackhaften Speisen und kleineren Portionen niederschlagen.

Das Kapitel „Essen" sollte man jedenfalls schon vor dem Törn ausgiebig diskutieren. Ich für meinen Teil kann das Kochen an Bord nur empfehlen, wenn alle wissen, daß Essen auch mit ein wenig Mühe verbunden ist. Meist wird man allerdings mit viel Spaß, Lachen und manchen Überraschungen belohnt. Guten Appetit!

Was heißt „schleppen" auf englisch?

Von klugen Segelratgebern und dem, was man wirklich in der Bordbibliothek braucht

Wer wirklich das Leben kennenlernen will, sollte sich unbedingt an Goethe, speziell an seinen ersten Teil des „Faust" halten. Dort sind die gesamten Erfahrungen aufgeschrieben, die ein Mensch so im Laufe von 80 Jahren machen kann.

„Grau, teurer Freund, ist alle Theorie und grün des Lebens goldener Baum", so spricht in besagtem Goetheschen Drama der böse Mephistopheles zu einem jungen Schüler. Wie recht der böse Mephisto doch hatte!

Als Beispiel sei das Autofahren angeführt. Theoretisch ist das ganz einfach: Du mußt nur beim Auslassen der Kupplung den linken Fuß etwas anheben, den anderen, also den rechten, ein wenig niederdrücken, um Gas zu geben. Stehst du mit dem Auto bergan, ist klarerweise gleichzeitig die Handbremse zu lösen. Außerdem muß man ein bißchen in den Rückspiegel schauen und am Lenkrad drehen. Theoretisch ganz einfach. Erinnern Sie sich noch an Ihre ersten praktischen Versuche? Sehen Sie!

Offensichtlich klaffen also Theorie und Praxis in vielen Fällen stark auseinander. Wie so oft, ist das beim Segeln nicht anders.

„Mann über Bord!" – der Schreckensruf aller Segler ertönt. Theoretisch ist das überhaupt kein Problem. Man kann es in jedem Buch für Segelanfänger bis hinauf in die hohe Literatur für Weltumsegler lesen, wie das theoretische und schulmäßige Mann-über-Bord-Manöver funktioniert: Drei Schiffslängen wegsegeln, dann je nach Lage zum Wind eine Halse oder Q-Wende, Rücksegeln und ein gekonnter Aufschießer. Der Steuermann kommandiert das Ganze ganz locker mit klarer, wohltönender Stimme, die Crew holt die Schoten dicht, läßt den Baum zart zur Seite schwingen und auf eins, zwei, drei haben wir den über Bord Gefallenen wieder. Grau, teurer Freund, ist alle Theorie…

„Mann über Bord!" – ein einziges Mal habe ich den Schreckensruf in der Praxis vernommen. Es war in Griechenland bei Windstärke 1 und fast spiegelglatter See mit einer Crew von acht Seglern, die alle schon mehrere tausend Seemeilen auf dem Buckel hatten. Jakob lehnte sich an den Großbaum, um möglichst nahtlos braun zu werden, da löste sich der Traveller und ab ging die Post mit Jakob. Er konnte noch mit einem eleganten Hechtsprung das Boot verlassen, halten konnte er sich nicht mehr. „Mann über Bord", ertönte es hektisch und gar nicht wohltönend aus dem Munde des Steuermanns.

„Geh, mach ka'n Streß", war die Antwort von Toni, der gerade aus der Kajüte mit einer Dose Bier in der Hand heraufkam. Die Bierdose ging in der nächsten Sekunde ebenfalls über Bord, aus der Hand geschlagen durch den überkommenden Großbaum, der infolge der hastigen Halse unkontrolliert auf die andere Seite ging. Der über Bord gegangene Jakob hatte große Schwierigkeiten sich über Wasser zu halten, allerdings nicht durch den Seegang, sondern infolge der Lachkrämpfe, als er von unten unseren Manövern zusah. Der Verunfallte genoß sein Bad an dem heißen Tag, nahm einen Schluck aus der über Bord gegangenen Bierdose und enterte schließlich aus eigener Kraft die Badeleiter.

Lieber Skipper, ich kann dir nur empfehlen, auf einen Törn eine möglichst große Menge ernsthafter Segelliteratur mitzunehmen und im Salon an prominenter Stelle zu plazieren. Das schafft bei der Mannschaft Respekt und Vertrauen in deine seglerische Umsicht, besonders die Damen an Bord werden sehr beruhigt sein und daher zu dir aufschauen, nützen wird dir das allerdings im Ernstfall meist wenig.

Erfahrene Skipper, die um den wahren Nutzen der Fachliteratur an Bord Bescheid wissen, gehen aus Imagegründen immer häufiger dazu über fremdsprachige Bücher anzuschaffen. Englischsprachige Hafenhandbücher zum Beispiel erfreuen sich steigender Beliebtheit. Es ist dabei völlig gleichgültig, ob ihre letzte Ausgabe vor fünf Jahren korrigiert wurde, Hauptsache es ist englisch. Wenn man nun beispielsweise in einem derartigen Hafenhandbuch liest, daß empfohlen wird, „stern to the mole" zu gehen, ist es unerheblich, ob man weiß, was „stern" auf deutsch heißt. Man sieht im Hafen ja sowieso wie die anderen Segelboote liegen. Wichtig ist, daß die Crew zu dir aufsieht, wenn du das englische Hafenhandbuch zur Hand nimmst um es zu „studieren".

Wichtig ist es auch, ständig über die juristischen Gegebenheiten des Segelns unterrichtet zu sein. Ehrlich, wer kann sich die vielen Vorrangregeln denn wirklich merken? Also braucht man entsprechende ernsthafte Literatur an Bord.

„Großschiff steuerbord voraus", meldet ein aufmerksames Crewmitglied. „Na, dann werden wir mal sehen", murmelt der frisch gebackene Segelschein-Inhaber und Skipper und begibt sich zur Bordbibliothek, um die letzten Feinheiten der Vorrangregeln zu studieren. Ein anschließender Blick durch das Fernglas zeigt am gegnerischen Großschiff keinerlei Zeichen von Tiefgangbehinderung, es ist auch kein Minenräumboot, Flugzeugträger oder sonstiges im Vorrang bevorzugtes Gefährt, sondern ein ganz normales Motorschiff. Ergo hat es gegenüber dem Segelboot theoretisch Nachrang.

„Grau, teurer Freund, ist alle Theorie." Befehlsgemäß ändert unser Steuermann den Kurs nicht um ein einziges Grad, und man kommt sich näher, immer näher, immer näher, bis das schon bedrohlich groß aussehende Fährschiff drei Sekunden lang sein Signalhorn ertönen läßt. Skipper und Steuermann fallen unter dem Ausstoßen von Worten, die hauptsächlich mit „Sch…" beginnen, um 90 Grad ab, um vor dem nachrangigen aber einfach stärkeren Motorschiff auszuweichen. Soweit zur Theorie und Praxis der Vorrangregeln.

Dem angehenden Skipper möchte ich raten, auch die Ratschläge namhafter Fahrtensegler, wie sie in schönen, reich bebilderten Werken publiziert sind, nicht ganz ernst zu nehmen. Da wird zum Beispiel angegeben, der Mensch brauche am Tag nur 1 Liter Wasser unter der Voraussetzung, daß er große Körperwäschen vermeide. Selbst völlig darniederliegenden, untätigen armen Kranken auf Intensivstationen geben die Ärzte zumindest die doppelte Menge an Flüssigkeit, um die

Vitalfunktionen einigermaßen aufrecht zu erhalten. Der Autor dieses 1-Liter-Ratschlages segelt entweder ausschließlich in eiskalten Regionen, in denen nicht geschwitzt wird oder hat soviele Dosen Bier gebunkert, daß Wasser tatsächlich nur für das morgendliche Kaffeekochen benötigt wird.

„Aus der Praxis für die Praxis" sind auch die folgenden ernst gemeinten und jederzeit nachlesbaren Ratschläge aus der Bordbibliothek: „Die Lagerfähigkeit von Eiern kann wesentlich gesteigert werden, wenn sie spätestens einen Tag nach dem Legen mit Vaseline eingefettet und für zwei Sekunden in kochendes Wasser getaucht werden." Ein wirklich sehr brauchbarer Ratschlag. Die Frage ist nur, wo finde ich in der Woche vor dem Törn das für die Produktion eines so frischen Eies notwendige Huhn und wie transportiere ich die solcherart haltbar gemachten Eier in die Türkei ohne Rührei im Seesack zu erzeugen?

Für den großen Törn ist auch das folgende Wissen von erheblicher Bedeutung: „Liegt eine Konservendose halb im Seewasser, so dauert es mindestens ein halbes Jahr bis sie durchgerostet ist." Sollten Sie also einmal in die Gelegenheit kommen, daß in Ihren Schapps an Bord ein halbes Jahr lang das Wasser steht, können Sie ganz beruhigt sein, den Konservendosen geht es gut.

Bei den ersten Törnbesprechungen würde ich meiner Crew klarmachen, was in einer guten Bordbibliothek nachzulesen ist: „Der Skipper ist der absolute Herr auf dem Schiff… Die Mannschaftsmitglieder müssen genau die Rolle spielen, die beim Autolenker den Beinen und Füßen zugedacht ist." Können Sie sich die Reaktionen Ihrer Mitsegler vorstellen, die sich als Glieder des Skippers fühlen sollen, von diesem willkürlich in Gang gesetzt?

Was allerdings wirklich in keiner Bordbibliothek, nicht einmal auf dem Ein-Wochen-Törn im Ausland fehlen sollte, ist ein gutes Wörterbuch mit allen gängigen Seglerausdrücken. Dies leistet meist sehr gute Dienste. Stellen Sie sich nur einmal vor, Sie befinden sich vor der Hafeneinfahrt und der Motor streikt. Sie wollen sich von einem fremden Boot die paar hundert Meter in den Hafen schleppen lassen. An und für sich kein Problem, das Ganze kostet auch nicht viel. Nur –

wie mache ich den griechischen oder türkischen Freunden klar was
ich will? Ohne Seglerwörterbuch zur Vorbereitung des fremdsprachi-
gen Geplauders spielt sich der Funkverkehr meist so ab:
„Here is sailing ship Walküre. Here is sailing ship Walküre. Here is
sailing ship Walküre. My Motor is äh, does not äh, the motor is still,
no, äh, I want to say the motor ist kaputt, you understand, yes the
motor does not function."
Von der griechischen oder türkischen Küste kommt es in tadellosem
Englisch durch den Äther: „O. k., we understand, please indicate what
you want. How can we help you?"
„Here sailing ship Walküre. Here sailing ship Walküre. Here sailing
ship Walküre. Thank you, thank you. You understand? Our motor
does not function. Please could you, äh, please could you, äh, Men-
schenskind, Otto, was heißt schleppen auf englisch?"
Otto antwortet: „Keine Ahnung. Schlepping vielleicht."
„Here sailing ship Walküre. Here sailing ship Walküre. Here sailing
ship Walküre. Our motor does not function, you know. We need you
for schlepping".
„What do you want?"
„Here sailing ship Walküre. Here sailing ship Walküre. Here sailing
ship Walküre. We need you for schlepping. Into the harbour, you
know. Schlepping into the harbour."
„O. k., o. k., we shall tow you into the harbour?"
„Otto, was meint der? Tow? Det Vokabel kenn ich nich'."
Otto: „Quassle nich', wenn der uns towen will, dann wird det schon
richtig sein."
„Here sailing ship Walküre. Here sailing ship Walküre. Here sailing
ship Walküre. Thank you. Thank you. Yes, äh. O. k. Please help us.
Äh, our motor does not function. Towing is good. Very good. Thank
you."
Hätte unser Freund vorher in der Bordbibliothek nachgelesen, hätte er
im Wörterbuch gefunden, daß das deutsche Wort „schleppen" auf
englisch „tow" heißt. Also, nimm ein Wörterbuch mit. Man kann es
als Skipper ja in seiner Kajüte verstecken und heimlich darin lesen.
Auch wenn einem – Gott möge es verhindern – einmal der Lümmel-

beschlag bricht und man im Hafen im schönen Seglergeschäft einen neuen erstehen möchte, oder zumindest etwas, das sich als Ersatz für den Lümmel eignet, nützt es wenig, wenn man dem netten Verkäufer bekannt gibt: „Hello, good morning. My Lümmel is broken. You know? The Lümmel! To put the Baum into the Mast." Der Einkauf wird nur klappen, wenn man nachlesen kann, daß „Lümmel" auf englisch „gooseneck", „Baum" „boom" und „Mast", tja, das ist ein Zufallstreffer, „mast" heißt.

Im Hafen ist gut schlafen

Von den Schwierigkeiten, in einer Ankerbucht
zu übernachten

*Nachdem ich nun 25 Jahre lang verheiratet bin und unzählige Häfen mit
dem Segelboot angelaufen habe, kann ich dem schönen Spruch, die Ehe sei
wie ein sicherer Hafen, nicht wirklich zustimmen. Abgesehen einmal davon,
daß das Schöne beim Segeln ist, von Hafen zu Hafen fahren zu können, was
(leider oder Gott sei Dank) im Rahmen der Ehe nicht so ohne weiteres tole-
riert wird, ist ein Hafen allemal sicherer als jede, wie immer geartete
Lebensgemeinschaft zwischen Mann und Frau.*
*Ich würde die Ehe eher mit dem Ankern in einer Bucht vergleichen, wunder-
schön bei wenig Wind und gutem Wetter, unruhig aber, wenn der Wind
dreht, der Anker zu klein oder der Ankergrund schlecht ist.*
*Was tut nun der gute Seemann, wenn er merkt, in seiner schönen Anker-
bucht bläst es fürchterlich aus der falschen Richtung? Er fährt auf die See
und auf dieser so lange herum bis sich das Unwetter beruhigt hat und er
wieder in seine Bucht einlaufen kann. Man nennt das „abwettern". Was tun
bereits mehr als 40 % der heutigen Eheleute bei Wind aus der falschen Richtung? Sie lassen sich scheiden. Abwettern wäre wohl auch bei Lebensgemein-
schaften manchmal angebrachter.*

Waren Sie schon einmal Skipper und haben versucht, Ihrer Crew eine
wunderbare ruhige, einsame Bucht schmackhaft zu machen, in der
kein einziges Haus steht, höchstens ein paar Schafe weiden am Ufer
und ein Möwenpaar fliegt ums Boot? Haben Sie? O. k., dann können
Sie weiterlesen und werden merken, daß es nicht nur allein Ihnen so
ergangen ist. Haben Sie noch nicht? Dann müssen Sie unbedingt weiterlesen, Sie werden die geschilderten Erfahrungen einmal brauchen
können.

„Also, liebe Freunde, heute habe ich etwas ganz besonderes vor, wir werden diesmal nicht in einem lauten Hafen an eine Mole gehen, sondern in einer wunderbar ruhigen Bucht ankern, in der höchstens ein paar Schafe am Ufer weiden und ein Möwenpaar ums Boot fliegt." So spricht der naturverbundene Skipper hoffnungsfroh zu seiner Mannschaft.

„Und wo gehen wir essen?" fragt der Verfressene.

„Eine einsame Bucht? Furchtbar! Ich möchte in eine schöne Taverne und bei Kerzenschein tanzen", meint die Romantische.

„Ich will aber lieber an eine Mole. Eine Bucht ist viel zu gefährlich", vermerkt der Ängstliche.

Diese Argumente wird man hören, wenn man das Thema auf das Übernachten in der einsamen Bucht bringt.

Du könntest dich natürlich jetzt in eine Diskussion einlassen und dem Verfressenen versprechen, du kochst persönlich an Bord das beste und tollste Abendessen. Dann mußt du es aber auch wirklich tun. Willst du das?

Du könntest der Romantischen als Tanzersatz einen Spaziergang am einsamen Strand bei den Schafen in Aussicht stellen. Darfst du das?

Und du könntest dem Ängstlichen sagen, er soll nicht schon wieder in die Hose machen. Aber tut man das?

Also besser, sich nicht allzu sehr in Diskussionen exponieren; man muß die Sache subtiler angehen.

Angenommen du fährst unter Motor in der Flaute vor einer wunderschönen griechischen Insel und möchtest gerne in der nahen prächtigen Sandbucht ankern, um hier die Nacht zu verbringen. Du sprichst – den besorgten Blick zum strahlendblauen Himmel erhoben – in die durch die völlige Windstille unbewegte Luft: „Also, Leute, das will mir nicht gefallen." Mehr sagst du nicht. Sollte man dich tatsächlich jetzt noch nicht fragen, was dir denn nicht gefällt, setzt du nach etwa drei Minuten nach: „Also, Leute, das gefällt mir wirklich nicht." Spätestens jetzt wird man wissen wollen, was eigentlich los ist. Du wirfst wieder einen besorgten Blick zum Himmel und verkündest: „Vor drei Jahren war das genauso."

„Was war genauso?"

„Diese unheimliche Windstille", antwortest du und holst dir deine Rettungsweste.

„Was hast du? Es ist doch herrliches Wetter und kein Lüftchen regt sich", wird man zu dir sagen.

Jetzt erst legst du los: „Ja, vor drei Jahren, da war das ganz genau so, und dann sind drei Schiffe gesunken, die sich nicht in eine Bucht flüchten konnten."

Spätestens jetzt hast du den Ängstlichen auf deiner Seite, mit dem du sonst hättest diskutieren müssen. „Ja, gibt es hier denn eine schützende Bucht?" wird er fragen. „Schon", wirst du antworten, „nur leider ohne Dorf, Anton wird kochen müssen."

„Ja, das ist doch kein Problem", wird Anton (der Verfressene) vermelden. „Hauptsache, wir sind sicher. Ich werde euch ein Menü zaubern, daß ihr nur so schauen werdet, ha, ha, ha." Damit wäre der zweite gewonnen.

„Gut, dann fahren wir in den Ormos Vathy", verkündest du, „das ist eine schöne, enge, sichere Bucht, draußen wird der Teufel los sein, und wir werden gemütlich bei Kerzenschein vor Anker liegen."

„Wie romantisch!", wird die Romantische sagen. – Und damit wäre die Schlacht vollends gewonnen.

Die Probleme bei der Auswahl des Ankerplatzes in der Bucht wachsen mit dem Quadrat der Anzahl der Mitsegler. Manchmal wünsche ich mir eine voll belegte Ankerbucht, wo gerade noch ein Platz frei ist, an dem man ausreichend schwojen kann; dann ist es nämlich ganz einfach. Man fährt in die Bucht ein, steuert den einzigen Ankerplatz an, läßt den Anker fallen und damit hat es sich.

Völlig anders ist die Situation in einer einsamen Bucht, wo niemand oder vielleicht gerade ein einziges anderes Schiff vor Anker liegt. Nun entspinnen sich meist hemmungslose Diskussionen:

„Ich will möglichst in Ufernähe ankern, damit wir nicht so weit an Land schwimmen müssen."

„Ich will draußen ankern, das ist sicherer wenn der Wind dreht."

„Ich will vor der kleinen Taverne liegen."

„Hast du die Bordfrau vom Nachbarboot gesehen? Eine Traumfrau! Daneben müssen wir uns hinlegen."

Hast du mehr als vier Mitsegler, wirst du noch ein paar andere als ideal bezeichnete Plätze angeboten bekommen.

Als erfahrener Skipper weißt du, daß man überall den Anker fallen lassen kann – wenn man es kann. Zu sehr in Ufernähe, so auf zwei bis drei Meter zu ankern könnte dem Image schaden, da erfahrungsgemäß, kaum hat man den Anker festgefahren, der Wind dreht. Was vorher so schön ablandig war wird nun auflandig, und nichts ist ärgerlicher und läßt den Skipper mehr als Volltrottel dastehen als wenn das Schiff beim Schwojen auf Grund setzt.

Zu weit draußen ist auf jeden Fall besser als zu weit drinnen. Man ankert dann zwar auf 15 m Wassertiefe. Möglicherweise hält in der Nacht der Anker nicht und man findet sich in der Früh auf hoher See wieder. Ist das wirklich passiert, heißt es Ruhe bewahren. Am wichtigsten ist es, nun möglichst geräuschlos den Anker an Bord zu holen, um die Mitsegler nicht aufzuwecken und somit sein Image bewahren zu können. Man kann dann nämlich noch immer behaupten, man hätte ganz alleine in der Nacht den Anker gelichtet und wäre losgefahren.

Ganz schlecht ist es, vor Tavernen vor Anker zu gehen. Die Rückfahrt mit dem Beiboot nach dem Abendessen und Abendtrinken gelingt meist nicht auf Anhieb. Entweder hat man vergessen an Bord ein Licht anzumachen und irrt mit dem von weinschweren Segelkameraden randvollen Beiboot in der nachtschwarzen Bucht herum oder es passieren Unglücke beim Übersteigen vom Beiboot auf das Schiff. Ich habe dabei schon erlebt:

- Segler fällt ins Wasser
- Außenborder fällt ins Wasser
- Fotokamera fällt ins Wasser
- Sämtliche Arten von Kombinationsschäden (Segler und Außenborder, Außenborder und Kamera, Segler und Kamera)
- Beiboot treibt alleine ab
- Beiboot treibt mit dem letzten Beibootfahrer ab, dieser kann den Außenborder nicht mehr starten
- Beiboot treibt mit dem letzten Beibootfahrer ab, der gar keinen Außenborder mehr hat, weil dieser ins Wasser gefallen ist.

Es gibt noch ein paar andere Komplikationen, die du sicher erleben wirst, wenn du nur oft genug vor einer Taverne vor Anker gehst.

Nicht genug kann ich davor warnen, in der Nähe von Schiffen zu ankern, welche blonde Traumfrauen an Bord haben. Meiner Erfahrung nach kommt es nämlich niemals zu dem erhofften und erträumten näheren Kontakt mit den Traumfrauen, es passieren eher dabei die dümmsten Dinge, beispielsweise:

- Der Ankermann wirft den Anker so weit in der Nähe des Traumfrau-tragenden Schiffes, daß die Boote beim ersten Schwojen zusammen-krachen.
- Die aus einer halben Seemeile Entfernung ausgemachte blonde Traumfrau stellt sich bei näherer Inspektion als eine sympathische, sehnige Mittsiebzigerin heraus.
- Die aus einer halben Seemeile Entfernung ausgemachte Traumfrau ist tatsächlich eine solche. Na, und was jetzt?

Trotz oder vielleicht gerade wegen der geschilderten Probleme ist das Ankern und Übernachten in einer einsamen Bucht, fern von lauten Molen und stinkenden Hafenbecken eines der großen Erlebnisse beim Segeln.

Ankommen ist Glückssache

Von den fünf Grundtypen von Navigatoren und ihren Stärken und Schwächen

Um die Wissenschaft der Navigation wird soviel Wasser gemacht, daß man glauben könnte, der liebe Gott hätte das Meer für die Navigatoren geschaffen. Schon in alten Zeiten schöpfte der Kapitän eines Schiffes seine Autorität nicht zuletzt aus der Tatsache, daß er als einziger über ein Stundenglas zur Zeitmessung, Seekarten und Kenntnisse in der Navigation verfügte. Daran hat sich bis zur Erfindung des Global Positioning System (GPS) kaum etwas geändert.

Dabei ist Navigation eigentlich recht simpel. Jede Landratte ist im Stande mittels Straßenkarte beispielsweise vom schönen Wiener Bezirk Penzing in das etwa 10 Kilometer oder 6 Seemeilen entfernte Wienerwalddorf Mauerbach zu finden und dabei einen höchst komplizierten Kurs mit vielen Kreuzungen und Abzweigungen zu steuern. Wie lächerlich einfach ist dagegen der völlig geradlinige Kurs von Südfrankreich nach Korsika. Und dennoch zollt man dem Navigator, der diese simple Kurslinie absetzt, höchsten Respekt, den Autofahrer würde man als Idioten bezeichnen, wenn er auf der erwähnten komplizierten Fahrt durch verwirrende Einbahnstraßen und vorbei an Umleitungen den Weg nicht auf Anhieb richtig fände.

Irrt sich dagegen ein Seemann einmal mit der Navigation, wird das schon eher verziehen. Das beste Beispiel hierfür ist zweifellos Christoph Columbus, der sich aufmachte, um Indien zu entdecken und durch einen läppischen 180-Grad-Fehler in die falsche Richtung fuhr. Dafür wurden ihm dann auch noch höchste Ehren zuteil. Jeder heutige Segelschein-Aspirant würde deswegen bei der Prüfung durchfallen.

Das GPS hat die Grundlagen der Autorität aller Skipper dieser Welt gewaltig erschüttert. Plötzlich können jede Landratte und sogar Badegäste an Bord mittels Knopfdruck, innerhalb von einer Minute, den wahren Ort feststellen.

Alle Skipper (auch ich) werden daher nicht müde, in Diskussionen und Zeit-schriften vor dem GPS zu warnen und zu betonen, daß allein koppeln und die Feststellung des Azimut die volle Sicherheit gewähren. Jene modernen Skipper, die erkannt haben, daß der Siegeszug des GPS nicht mehr aufzu-halten ist, die lieben Amerikaner das System nicht abzuschalten gedenken und man zur Sicherheit sogar ein zweites Gerät mit an Bord nehmen kann, haben sich ein neues Feld gesucht, um die angeschlagene Autorität wieder herzustellen – und zwar das Radar. Tiefsinnig steht der Skipper vor dem grün flimmernden Schirm, der an eine schlecht ausgerüstete Intensivstation erinnert und den die Landratten und Badegäste – Gott sei Dank – noch nicht zu interpretieren vermögen.

In Wahrheit ist Navigation eine sehr ernste Sache. Viele Schiffe sind schon durch relativ simple Navigationsfehler auf Grund gelaufen oder sonstwie zu Schaden gekommen. Wie immer im Leben ist es daher zu empfehlen, sich nicht zuviel zuzumuten. Will man zum Beispiel eine winzige Insel vor der Küste Afrikas nach einer Überfahrt von 200 See-meilen treffen, empfiehlt es sich entweder mit dem Sextanten zu üben, zu üben und nochmals zu üben, oder doch GPS zu verwenden oder einen anderen Törn zu machen oder zuerst die nicht zu verfehlende Küste Afrikas anzulaufen, dort nach dem Rechten zu sehen und dann die nun ungleich leichtere Fahrt zur kleinen Insel aufzunehmen. Das erste Gesetz der Navigation lautet daher: Ist das Erreichen eines Zieles zu schwierig, fahre woanders hin.

Zur Grundausrüstung eines Navigators gehören Seekarte und Bleistift. Während erstere meist an Bord ist, fehlt der Bleistift praktisch immer. Sollte wider Erwarten sogar ein Bleistift da sein, ist er sicherlich unge-spitzt und der Strich, den man damit machen kann, ist so breit wie die Straße von Otranto. Das zweite Gesetz der Navigation lautet daher: Nimm mindestens soviele Bleistifte wie Bierdosen mit an Bord.
Ein Navigator ist ein Segler, der etwas gelernt hat. Meist hat er auch eine einschlägige Prüfung abgelegt, die sich etwa so abspielt. Prüfer: „Maier, wir fahren nun vom Punkt A zum Punkt B. 51 Grad liegen an, der Wind kommt aus 60 Grad Backbord mit 25 Knoten. Strom setzt

aus der Richtung von C nach D mit 2,7 Knoten. Das Log zeigt eine Geschwindigkeit des Schiffes von 5,4 Knoten. Wo werden wir in einer Stunde sein?

Der bedauernswerte Prüfling überlegt nun fieberhaft, ob in diesem speziellen Fall das Stromdreieck Nummer 1 oder Nummer 2 zur Anwendung kommen soll und wo eigentlich zum Kuckuck Backbord ist; gestern hat er das doch noch ganz sicher gewußt. In wirren Bildern ziehen ihm Begriffe wie „Fahrt durchs Wasser", „Fahrt über Grund" sowie „Kurs durchs Wasser" und „Kurs über Grund" durch den Kopf und er zeichnet mutlos ein Dreieck in die Karte ein, radiert es weg, zeichnet ein anderes, bis der Radiergummi ein Loch in die Seekarte geschabt hat. Der Prüfer schaltet nach einer Stunde sein GPS ein, kontrolliert das Elaborat des Prüflings, verwechselt das Loch in der Seekarte mit dem wahren Ort und meint zum Kandidaten: „Recht ordentlich, Maier!" Und so ist wieder ein neuer Navigator und potentieller Käufer eines GPS-Gerätes geboren.

Die sogenannte terrestrische Navigation beruht bekanntlich darauf, daß man aus bestimmten bekannten Landmarken auf die Position des Schiffes auf See schließen kann. Das ist nicht unproblematisch, wie das folgende Zwiegespräch beweist:

Skipper zum Navigator: „Wo sind wir eigentlich?" Navigator an Skipper: „Also, der letzte gegißte Ort stimmt wahrscheinlich nicht, da wir in der Zwischenzeit doch Strom von Backbord hatten. Diese Huk da drüben könnte Capo Fonza sein, dann allerdings sollte dahinter ein Berg sein und der ist nicht da. Aber ich sehe da einen Turm, hoffentlich ist der in der Seekarte eingezeichnet, wir werden gleich einen WO machen."

WO hat in der Navigation, im Gegensatz zum Tennisspielen, nichts mit „aufgeben" zu tun, sondern bedeutet „wahrer Ort", also jener Platz, auf dem sich das Schiff gerade befindet. Wer als Navigator etwas von sich hält, schaltet nun nicht das GPS ein, sondern versucht mittels Peilungen von Landmarken den WO des Schiffes festzustellen. Als Landmarken eignen sich Kaps, Kirchtürme und andere auffallende Landstellen. Das Problem für den Navigator besteht in der Identifika-

„Is' ja schon gut, Navigator, ich weiß genau,
daß hier keine Klamotten liegen."

tion der Landmarken. „Du, Skipper, siehst du den Kirchturm da drüben?" Der Skipper nimmt das Fernglas zur Hand und schaut lange
und genau hindurch: „Das ist kein Kirchturm, sondern ein alter Wehrturm." Der Navigator, der für den von ihm diagnostizierten Kirchturm
bereits ein Pendant auf der Karte gefunden hätte, ist völlig verwirrt.
Einerseits hat doch ein Skipper immer recht, andererseits ist auf der
Seekarte im gesamten Küstenabschnitt kein einziger Wehrturm eingezeichnet.
„Skipper, komm bitte herunter, hier gibt es keinen Wehrturm", meint
er schließlich verzweifelt. Der Skipper sieht sich pflichtschuldigst die
Situation auf der Seekarte an, nimmt neuerlich das Glas zur Hand,

schaut wieder lange hindurch und bemerkt dann: „Aus deinem Kirchturm kommt jetzt Rauch. Entweder die Kirche brennt oder es handelt sich um einen Schornstein." Nach Befragen der Karte stellt man übereinstimmend fest, daß es sich tatsächlich um den Schornstein einer hier ansässigen Fabrik handeln könnte. Inzwischen ist ein wenig Zeit vergangen; beim nunmehrigen Versuch, das Objekt zu peilen, muß leider festgestellt werden, daß man in der Zwischenzeit zu weit weg ist und nur mehr die Rauchfahne ausnehmen kann, diese allerdings ist als solche auf der Karte nicht verzeichnet.

Die terrestrische Navigation hat also zweifellos ihre Tücken, man sollte sie aber unbedingt beherrschen, schon um bei Diskussionen, ob die Vierstrichpeilung nicht doch der doppelten Horizontalwinkelmessung vorzuziehen ist, mitreden zu können.

Die hohe Schule der Navigation ist schließlich die Astronavigation. Böse Zungen behaupten, die Navigation nach Sternen ist so ähnlich wie Horoskop-Lesen, aber das stimmt natürlich nicht. Das zur Astronavigation nötige Gerät ist der Sextant. Ein Skipper, der etwas auf sich hält, sollte unbedingt im Besitze eines Sextanten sein; ziehst du ihn aus der Kiste, stellst dich in die Plicht und guckst mit dem Ding in die Sonne, kannst du des Beifalls der anwesenden Damen sowie des Neides der männlichen Crewmitglieder sicher sein. Ein Sextant vermittelt das unbedingte Gefühl von Professionalität und Verläßlichkeit.

Das Problem beim Sextanten ist allerdings weniger das Herausziehen aus seiner meist hölzernen Kiste und auch nicht das In-die-Hand-nehmen, sondern das Betrachten – das sogenannte „Schießen" der Sonne. Hat man die Sonne endlich gefunden, dann muß diese mit einer sinnigen Einrichtung am Sextanten optisch so weit verschoben werden, bis sie gerade den Horizont berührt. In dem Augenblick, in dem einem das gelungen ist, und zwar auf die Sekunde genau, muß man oder ein Helfer die exakte Zeit nehmen. Im Anschluß daran beginnt eine unbeschreibliche Rechnerei mit Winkeln, Minuten und Sekunden und am Ende erhält man tatsächlich eine Linie, die sich rund um den Erdball zieht. Irgendwo auf dieser Linie ist dein Schiff. Klar, daß man eine zweite Standlinie brauchst, also beginnt nach einer gewissen Zeit das Spiel von neuem.

Stundenlang könnte man über die Fehlermöglichkeiten bei der Astronavigation mit dem Sextanten schreiben. Als wir einmal von Südfrankreich nach Korsika segelten, wollten wir morgens den wahren Ort mittels „Sonnenschuß" bestimmen. Nach langer und mühsamer Rechnerei stellten wir schließlich fest, daß unser Schiff sich momentan auf einem 800 Meter hohen Berg befand. Ein kurzer Blick über die Backbordreling ergab hohen Seegang, von einer Alm aber weit und breit keine Spur. Also beschuldigte der Skipper die Hilfsperson, die Zeit nicht richtig abgelesen zu haben. Die Hilfsperson wehrte sich und fragte an, ob es nicht möglich wäre, daß der Skipper den Winkel nicht richtig abgelesen hätte. Schließlich einigten sich beide darauf, daß sich der Navigator verrechnet hätte und als dieser nachweisen konnte, daß er seine Rechenaufgaben richtig abgewickelt hatte, war der letzte Schuldige der Steuermann, der offenbar nicht einmal einen geraden Kurs halten konnte.

Für den Gebrauch eines Sextanten wird immer wieder ins Treffen geführt, daß man unabhängig ist von aller Elektronik und auch von den Amerikanern, die das GPS bekanntlich abschalten können. Allerdings ist man abhängig von der Sicht auf Sonne, Mond und Sterne, und meine persönliche Erfahrung geht dahin, daß der liebe Gott wesentlich häufiger die Sonne infolge Bewölkung abschaltet, als die Amerikaner ihr Satellitensystem.

Nun noch ein Wort zu dem die Navigation Ausübenden selbst. Dieser ist meist das ärmste Schwein an Bord, weil er grundsätzlich an allem schuld ist. Kommt man im Hafen zu früh oder zu spät an, fährt das Schiff bei höherem Seegang am Wind oder vor dem Wind, ist die Badebucht bevölkert oder leer, immer ist der Navigator verantwortlich. Fährt man endlich in den Hafen ein und hat der Navigator das Schiff dorthin sicher gebracht, muß er noch Ausschau halten nach einem Liegeplatz, der, wie die Erfahrung lehrt, ganz ideal nicht sein kann – schuld ist der Navigator. Und wenn er sich endlich nach dem Vertäuen des Schiffes ausruhen möchte, wird er/sie die Erfahrung machen, daß die Navigation weiter auch an Land auszuüben ist, beispielsweise beim Ausfindigmachen einer Taverne, in der man neben den landesüblichen Spezialitäten möglichst auch Wiener Schnitzel bekommt. Eine schier unlösbare Aufgabe, die dem Navigator Lorbeeren nicht einbringen kann.

Was Wunder also, wenn jeder Skipper möglichst rasch versucht, die Navigation von sich selbst wegzudelegieren.

Als wesentlichste Voraussetzung für den künftigen Navigator stellt sich eine gewisse Praxis im Schreiben und Lesen dar. Weniger wichtig ist, ob er Kenntnisse in der Navigation hat, denn diese kann man ihm in einem einstündigen Schnellsiederkurs beibringen. Der arme Kerl, der als Navigator ausersehen ist, freut sich auch vorerst noch auf sein Geschäft, weil er vom Skipper gekonnt motiviert wird, wie beispielsweise: „Franzi, damit wirst du der wichtigste Mann an Bord." Oder: „Franzi, du befiehlst, wir folgen dir." Der solcherart seelisch Aufgebaute wird meist bereits nach einer Stunde segeln, wenn eine Wende notwendig wird, auf den Boden der Realität geführt. „Ausgerechnet jetzt eine Wende? Der Franzi spinnt, jetzt wo die Sonne so schön auf den Bauch scheint, will der uns arbeiten lassen! Skipper, sag dem Navigator, er soll sich was anderes einfallen lassen!" Jetzt, lieber künftiger Navigator, kommt es darauf an, dich durchzusetzen. Bewährt haben sich drei Methoden:

1. *Verbale Brutalität:* „Ihr Lahmärsche erhebt euch gefälligst, wir sind auf einem Segeltörn und nicht im Sonnenbad!" Die verbale Brutalität kann noch physisch unterstützt werden, indem man den am nächsten Liegenden einen Fußtritt verpaßt.

2. *Beleidigt sein:* „Ihr seid wirklich unmöglich! Ich verbringe meinen Urlaub im Schiffsbauch, während ihr in der Sonne liegt, und zum Dank dafür seid ihr auch noch unhöflich. Gut, dann lauft eben auf das Riff auf!" Besonders das völlig ruhig und emotionslos angedeutete Riff mit den entsprechenden Folgen hilft der Crew meist auf die Beine.

3. *Streik:* „Ihr könnt mich alle! Macht euch eure Sch…-Navigation selbst. Ich lege mich jetzt auch in die Sonne, zumindest solange bis wir auf das Riff auflaufen!" Ebenfalls eine sehr sichere Methode, die Crew zur notwendigen Wende zu motivieren.

4. *Kombinationen:* Beliebt ist die Kombination 1 + 3. „Ihr Lahmärsche, erhebt euch gefälligst oder macht euch die Sch…-Navigation alleine."

Nach etwa drei Tagen segeln kann sich der Skipper dann ein Bild machen, welche Art von Navigator er an Bord hat. Es gibt genau fünf verschiedene Grundtypen, die der Skipper kennen sollte, um im Sinne der Sicherheit des Schiffes ausgleichend eingreifen zu können:

Der Verwegene sieht sein oberstes Ziel darin, die notwendige Wende möglichst erst zehn Meter vor dem Riff zu verlangen, es könnte sein, daß man sich durch den dadurch erzielten Höhengewinn eine weitere Wende erspart. Man erkennt ihn an Äußerungen wie: „Kinder, pfeift's euch nix. Es ist noch immer gut ausgegangen."

Der Komplizierte berechnet auf einer Überfahrt von zwei Seemeilen, wobei man den Zielhafen samt den dort liegenden Segelbooten bereits mit freiem Auge erkennt, einen exakten Kurs, der durch eine Beschickung für Wind verbessert wird. Er verrät seinen Typ durch besonders genaue Angaben an den Steuermann wie: „Kannst du 74 Komma 3 Grad halten?"

Der Großzügige ist das genaue Gegenteil. Er legt einen Ungefähr-Kurs fest, auf ein paar Grad oder Stunden kann es doch schließlich nicht ankommen, Hauptsache ist, es geht nach Westen. Er wird den Steuermann anweisen: „Siehst du den Berg dahinten, ja? Einen Daumensprung links davon, da fährst du hin."

Der Schläfer ist ein besonders gefährlicher Typ, bedrohlicher noch als der Hasardeur. Sein Hauptmerkmal ist, daß er einen ganz passablen Kurs festlegt, sich auch den Ort der Wende überlegt hat, dann allerdings regelmäßig einschläft und erst durch ein schabendes Geräusch am Schiffsboden erwacht. Man erkennt den Schläfer unschwer am Schnarchen. Seine stetige Redewendung ist: „Verflucht, wir sind zu weit! Wende!"

Der Schleicher ist ein vorsichtiger Typ, mit dem man allerdings nicht weit kommen wird. Er legt den Kurs in unmittelbarer Landnähe fest, aus der Überlegung heraus, wenn etwas passiert, kann man noch immer schwimmen. Seine Kurslinie folgt der 5-Meter-Tiefenlinie. Wehe du willst von einer Insel weg! Du schaffst es nie, sondern fährst immer rund herum. Er fragt den Skipper: „Skip, willst du jetzt wirklich abfallen? Was machen wir denn, wenn wir kein Land mehr sehen?"

Am Tag, bei schönem Wetter und wenig Seegang, kommt man mit allen fünf Typen eigentlich gut aus. Schwieriger für den Skipper wird es schon bei einem Landfall bei Nacht. Vier der oben erwähnten fünf Typen werden nämlich ohne die tatkräftige Hilfe des Skippers den nächtlichen Hafen niemals erreichen. Der Hasardeur kommt nämlich noch bei Tag an, weil er durch waghalsige Kurse viel Zeit gewonnen hat. Der Komplizierte benötigt für die nächtlichen Berechnungen und Kontrollen bereits eindeutig identifizierter Leuchtfeuer soviel Zeit, daß es beim Einlaufen bereits wieder hell ist. Der Schläfer ist nächtens nicht aufzuwecken und daher unbrauchbar. Der Schleicher wird die 5-Meter-Tiefenlinie in der Nacht auch nicht in Richtung Land verlassen, bleibt also nur mehr der Großzügige. Er findet den Hafen in der Nacht, allerdings nur ungefähr und hat zumindest eine 50%-Chance einzulaufen, allerdings auch eine 50%-Chance aufzulaufen.

Achten Sie also genau auf die Psychologie Ihres Navigators, stärken Sie ihn wo immer das möglich ist, wecken Sie ihn wenn er schläft, halten Sie den Hasardeur in Grenzen und versuchen Sie, dem Schleicher ein bißchen Hasard schmackhaft zu machen.

Auch der beste Navigator ist von ständigen Zweifeln geplagt. Er berechnet ganz genau den Kurs zu der Tonne, die eine Untiefe markiert und wo eine neue Richtung einzuschlagen sein wird. Er bestimmt auf die Minute die ETA, die estimated time of arrival, also die Ankunftszeit. Etwa 15 Minuten vor dieser Zeit begibt sich fast jeder Navigator mit dem Fernglas bewaffnet in die Plicht und sucht krampfhaft die besagte Tonne. Dies ist das erste Stadium des Zweifels: die Tonne wurde entfernt, ist untergegangen, hat sich in Luft aufgelöst. Das zweite Stadium des Zweifels beginnt, wenn der Navigator überlegt hat, daß doch niemand dieses wichtige Seezeichen entfernen wird, untergehen kann es nicht und in Luft auflösen schon gar nicht. Also beginnt er nun an sich selbst zu zweifeln. Nun sieht man den Navigator das Glas weglegen, er geht hinunter und beginnt mit allerlei Messungen, Parallelverschiebungen und Einzeichnungen in der Seekarte. Er kommt dann meist kopfschüttelnd wieder in die Plicht, sieht rundum und nimmt erneut das Fernglas. Ist die verdammte Tonne noch immer nicht in Sicht ist das dritte Stadium des Zweifels erreicht. Nach Kontrolle des Ausgabedatums der Seekarte, die immerhin von der Britischen Admiralität stammt und somit über jeden Zweifel erhaben ist, beginnt das vierte und letzte Stadium des Zweifels, nämlich an den Künsten des Steuermannes. Wenn dieser glaubhaft machen kann, daß er stets Kurs gehalten hat, wird der Skipper beschimpft, wie man eigentlich eine derart blöde Route aussuchen kann und die Crew, die noch niemals eine Hilfe war. „Schau, da vorne schwimmt etwas im Wasser." Der völlig unbrauchbare Badegast an Bord hat die Tonne plötzlich entdeckt und steigt damit ungewollt in der Bordhierarchie um einige Stufen höher. Ist der Navigator nur einigermaßen auf Draht, benutzt er diese Situation, um auf die offensichtlich besondere und bisher nicht entdeckte und daher auch nicht genützte Begabung des Badegastes hinzuweisen und diesen als neuen Navigatoraspiranten vorzuschlagen. Dieser ist geehrt und motiviert, ein kleiner Schnellsiederkurs wird durchgeführt, und damit können Sie – wenn Ihnen dieses Kapitel gefallen hat – noch einmal mit dem Lesen von vorne anfangen.

Wieso ist der Wein warm?

Von der Kunst, aus dem Kabelsalat die richtige
Strippe 'rauszufischen

*Es ist ein bisher ungeklärtes Phänomen, daß Ehemänner und Skipper dazu
neigen, außer Haus Verrichtungen mit großer Begeisterung zu tun, zu wel-
chen sie innerhalb der eigenen vier Wände kaum zu motivieren sind. Nein,
es handelt sich nicht um das, was Sie jetzt vielleicht denken mögen, sondern
einfach um handwerkliche Tätigkeiten, wie zum Beispiel das Reparieren
elektrischer Defekte.*

*„Hans, die Glühbirne im Vorzimmer brennt nicht!" meldet die Ehefrau
ihrem dem starken Geschlecht angehörenden Lebenspartner. „Warum tust
du keine neue hinein?" antwortet dieser. „Weil das die Aufgabe des Mannes
ist", kommt es eindeutig zurück. „Aber du weißt doch, daß ich ungeschickt
bin, willst du, daß ich einen Kurzschluß erzeuge?" In den allermeisten Fällen wechselt die Ehefrau nun die Glühbirne aus, weil sie sich nicht länger
auf die fruchtlose Diskussion mit ihrem lieben Mann einlassen möchte und
tatsächlich keinen Kurzschluß will.*

*Derselbe Hans — kaum wird er Skipper — begibt sich in das nächste Elektro-
fachgeschäft und ersteht so ziemlich alles, was man für ausgedehnte Reparaturen auf dem Elektrosektor benötigt: isoliertes Werkzeug aller Art, ver-
schiedenartigste Sicherungen, Lötkolben und -zinn, elektronische Meßgeräte
und vieles andere mehr. Man sollte glauben, der Mann möchte Elektriker
werden. Nein, er will nur segeln gehen. Plötzlich bekommt die sonst ungeliebte Tätigkeit einfacher Reparaturen an der elektrischen Versorgung eine
völlig andere, positive Dimension. Aus der Pflicht ist Hobby geworden.*

„Wieso ist der Wein warm?" fragt die Bordfrau und hält zum Beweis
eine Flasche Retsina in die Höhe, welche sie gerade aus dem Kühlschrank des Schiffes genommen hat. Diese einfache Frage ist außeror-

dentlich schwierig und kann – nimmt man die Sache ernst – so leicht nicht beantwortet werden.

Natürlich könnte der Skipper wie zu Hause sagen: „Wahrscheinlich funktioniert der Kühlschrank nicht." Er kann aber nicht wie zu Hause hinzufügen: „Hol den Elektriker, er soll nachschauen." Auf See gibt es keine Elektriker; in den Häfen stehen sie vielleicht drei Tage nach der ersten Bitte an den Meister, doch an Bord kommen zu wollen, um nachzusehen was der Eiskasten hat, zur Verfügung, aber so lange will man nicht im Hafen herumliegen, ganz zu schweigen von den beträchtlichen Schwierigkeiten, dem einheimischen Elektriker, beispielsweise auf türkisch, zu erklären, daß der Eiskasten einen Kurzschluß hat.

Deswegen wird der Skipper auf die Frage: „Wieso ist der Wein warm?" meist antworten: „Gib mir meine Werkzeugtasche."

Die erfahrene Bordfrau weiß nun was auf sie zukommt und wird es mit Fassung tragen – sie wird höchstwahrscheinlich ihrem Skipper und frisch gebackenem Elektriker assistieren und zusehen müssen, wie dieser von der Batterie über den Schaltkasten, immer entlang der Wände, bis hin zum Eiskasten das Schiff auseinandernimmt, nicht ohne dabei kräftig zu fluchen, um zu guter Letzt nach ausgiebigen Messungen von Volt, Ampere, Watt und Ohm festzustellen, daß es an den Leitungen inklusive Sicherungen nicht liegen kann.

„Vielleicht haben wir den Motor zu wenig laufen lassen und die Batterie ist leer?" fragt die Ehefrau nun unschuldig. Der Skipper schaut fassungslos auf sein im ganzen Schiff umherliegendes Werkzeug, auf das von ihm eben erfolgreich geprüfte Desaster elektrischer Leitungen, auf den offenen Schaltkasten mit den hunderten verschiedenfarbiger Kabel, die es wieder zu schlichten gilt und …ersparen Sie mir und auch sich, zu berichten, was der Skipper seinem klugen Weibe daraufhin gesagt hat.

Aus der soeben geschilderten Episode habe ich vor Jahren gelernt, daß man bei defekten Elektrogeräten an Bord sich zuerst um den noch vorhandenen „Saft" in den Batterien kümmern sollte. Dies ist nun gar nicht so einfach, wie man annehmen könnte, da das meist vorhandene Voltmeter darüber nur ungenügend Aufschluß gibt.

In einschlägigen Kursen lernt man zu diesem Zweck mittels Aerometer die Dichte der Batteriesäure zu messen, und als vorausdenkender Skipper hat man dieses kleine Gerät auch mit. Leider setzen sich immer mehr die völlig dicht verschweißten Batterien durch, an deren Inhalt man nicht mehr herankommt. Es wird Zeit, daß die „Do-it-yourself-Kurse" der Segelschulen dies endlich zur Kenntnis nehmen.

„Bitte Strom sparen", welcher Skipper hätte das seiner Crew noch nicht gesagt. Die Bitte verklingt allerdings meist ungehört, vor allem aber unbefolgt.

Wer weiß denn schon wirklich, wieviel Amperestunden „Saft" in der Batterie sind und wieviel Ampere die Festbeleuchtung verbraucht, die man am Abend andreht, so ganz wie zu Hause, wo riesige Wasserkraft-, Atomkraft-, Kohlekraft- und andere Werke dahinterstehen.

Am nächsten Tag will der Skipper die Maschine anwerfen um die Batterien nachzuladen. „Skip, bist du verrückt, jetzt unter Maschine fahren, wo so herrliches Wetter ist?" „Wir müssen aber die Batterien laden." „Aber doch nicht jetzt." „Wann sonst?"

Eine gute Frage. Motor laufen lassen wegen der Batterien stört eigentlich immer. Auf See, wenn man endlich segeln kann genauso wie im Hafen, wenn man Ruhe haben will. Bleibt noch die Zeit des Abendessens in der Taverne; es ist allerdings nicht von der feinsten englischen Art, die Maschine laufen zu lassen und den Nachbarn damit zu belästigen, vielleicht noch gar mit der Bitte, doch ein wenig auf das Schiff aufzupassen.

Wann soll man nun tatsächlich Batterien nachladen? Ich selbst bin ein höchst demokratischer Skipper und kann nur empfehlen die Crew zu fragen, wann sie kühlen Wein aus dem Eiskasten haben möchte. Plötzlich wird das Geräusch der Maschine überhaupt nicht mehr stören.

„Skipper, das Licht im Masttopp brennt nicht." Auf diese Meldung reagieren 99,99% aller Skipper mit „Schei…". Letzteres ist es auch wirklich, denn das Problem läßt sich meist nicht von unten, sondern nur oben im Masttopp selbst lösen. Also, einer muß hinauf.

„Wer meldet sich freiwillig?" Diese Frage hätte sich der Skipper sparen können, schließlich ist er mit Seglern und nicht mit Bergsteigern unterwegs. Da im Zweifelsfall der Skipper für alles zuständig ist, droht

„Er ist nicht gerade der Leichteste und kein so gewaltiger Technikfreak, aber er ist schwindelfrei."

ihm nun, in den sogenannten Bootsmannsstuhl zu steigen und auf diesem sitzend, sich am Mast festkrallend, mit klopfendem Herzen aufgezogen zu werden. Bis zur ersten Saling geht es meist noch einigermaßen, dann allerdings wird's mulmig. Die leiseste Brise, die man unten gar nicht merkt, läßt den Mast scheinbar gewaltig schwingen, die 42 Fuß Länge des Schiffes schrumpfen aus obiger Sicht zur Größe eines Ruderbootes zusammen, und man ist noch immer nicht ganz oben. Der Skipper hat mehrere taktische Möglichkeiten, diesem Schicksal zu entgehen.

Ein beliebtes Argument des Skippers ist: „Hinauf muß der Leichteste. Wir wollen uns doch beim Hinaufziehen nicht überanstrengen. Ha, ha, ha."

Der Leichteste versucht seinem Schicksal zu entrinnen, indem er einwendet, er habe noch niemals im Leben eine Glühbirne gewechselt, wisse gar nicht was das sei, er würde dafür gerne einkaufen gehen oder den Salon aufkehren, ja sogar den Naßraum putzen, nur Birne wechseln könne er leider nicht.

Nun Skipper, willst du deinem Schicksal entrinnen, zeige keine Schwäche und bleibe dabei, vielleicht sogar anmerkend, daß es jahrhundertealte Tradition auf allen Schiffen dieser Welt ist, daß immer und stets, ohne Ausnahme, der Leichteste in den Masttopp geht.

Bleibst du nämlich nicht hart, kannst du als zweites Argument höchstens noch anbringen: „In den Masttopp geht der Mutigste, Karl, das bist sicher du." Etwa 30% aller Karls werden auf das taktische Ansprechen der männlichen Eigenschaft Mut hereinfallen. Aber eben nur 30%. In 70% aller derartiger Fälle gehst du selbst in die luftige Höhe.

Heute gibt es eine Menge elektrischer Geräte, die eine Crew an Bord mitnimmt, und welche mit Batterie oder auch extern mit Strom betrieben werden können. So zum Beispiel ein GPS-Gerät. Wer will schon ständig Batterien kaufen, wenn er das GPS direkt an das Bordnetz anhängen kann. Ich rate Ihnen, tun Sie's nicht, außer Sie sind ein Elektriker, Elektroniker, Mechaniker oder sonst ein -iker.

Nach Ankauf eines digitalen elektronischen Volt-Ampere- und Ohmmeters, für dessen Gegenwert man ein Leben lang Batterien kaufen könnte, ging ich daran, mich bei einem Segelfreund und Elektriker zu erkundigen, wie man das GPS-Gerät ans Bordnetz hängt. „Am besten mit einem Zigarettenanzünder." „O.k., und wenn's den auf meinem Charterschiff nicht gibt?" „Tja, da gibt es verschiedene Möglichkeiten", und dabei sah er mich an wie ein Arzt, der von seinem Patienten erfährt, dieser möchte an sich selbst eine Magenoperation durchführen, und wie das denn so ginge.

Nun, ich ließ nicht locker und erfuhr verschiedene Möglichkeiten um festzustellen, wo an meinem GPS und an der Bordbatterie plus und minus wären und wie ich nun in der Lage wäre, das GPS dort mittels Krokodilklemmen zu befestigen. Von meiner geistigen Kapazität her war ich in der Lage, meinem Freund und Elektriker zu folgen, aber was zum Teufel sind Krokodilklemmen? Als Arzt kenne ich alle möglichen Klemmen, Arterienklemmen zum Beispiel, Krokodilklemmen allerdings waren auch der von mir befragten Operationsschwester noch nie untergekommen.

Nach einem kurzen Besuch im Elektrofachgeschäft war ich im Besitz von etwa 20 verschiedenen Krokodilklemmen unterschiedlicher Größe und Farbe, mit Löchern und ohne, mit weit aufgesperrtem Maul und geschlossenem.

Fachmännisch ging ich ans Werk. Feststellen wo plus und minus ist, anschrauben der einschlägigen Schrauben und – gleich müßte es fertig sein, da fiel leider der Schraubenzieher aus der Hand und auf die Batterie. Der sich darauf hin entwickelnde Knall und Blitz ließen mich zur Überzeugung gelangen, daß es vielleicht doch besser wäre für das GPS Batterien zu verwenden.

Eines der schlimmsten Dinge, die auf einem Törn passieren können, ist der Verlust des Zündschlüssels für die Maschine. Diesem gilt daher auch stets meine besondere Aufmerksamkeit und darüber hinaus habe ich mich in einem einschlägigen Kurs informieren lassen, wie ein Dieselmotor auch ohne Zündschlüssel, lediglich mit einem Schraubenzieher, gestartet werden kann. Das ist nämlich ganz einfach. Man braucht lediglich von der Batterie Strom zu holen, das Kabel vom Zündschloß mit dem zum Anlasserrelais kurzzuschließen, und schon brummt der Jockel wieder. Ganz einfach, oder? Im Kurs hat das auch stets prächtig funktioniert.

„Verflucht, wo ist der Zündschlüssel?" Voller Schreck stelle ich in der Frühe kurz vor dem Ablegen fest, daß der Zündschlüssel nicht an seinem angestammten Platz am Navigationstisch ist. Auch noch so genaues Suchen bringt nichts. Wirklich ärgerlich, aber Gott sei Dank, habe ich doch vor drei Monaten diesen wirklich lehrreichen Kurs über Dieselmotoren und Bordelektrik gemacht. Also kein Problem. Her mit dem langen Schraubenzieher, und auf geht's zum Kabel, welches vom

Zündschloß kommt. Komisch, beim Kursmotor habe ich das immer gleich gefunden, hier existiert dieses Kabel offenbar nicht. Das Anlasserrelais ist auch nicht dort wo man es sucht, kann aber anhand seiner typischen Form identifiziert werden. Also bitte, es wird doch für einen Mann mit normaler Verstandeskraft wohl noch möglich sein, die verdammte Stromleitung vom Zündschloß zu finden. Man muß das nur richtig machen. Irgendwo gibt es sicher Schaltpläne. Bei den Schiffspapieren sind sie nicht, aber endlich finde ich sie im Stauraum unter der Koje meiner Tochter. Na jetzt werden wir es gleich haben.

Gegen einen Schaltplan ist ein Anatomiebuch geradezu simpel. Ich kämpfe mich bei steigenden Außentemperaturen tapfer durch Dutzende verschiedenfarbiger Kabel, als meine liebe Bordfrau vom Einkauf zurückkommt und mich schwitzend im Kabelsalat vorfindet.

„Was machst denn du da?" Ein wenig beschämt gestehe ich, daß mir der sonst so gehütete Zündschlüssel abhanden gekommen ist. „Aber den hast du doch gestern in die Tasche zu den Reisepässen gegeben, weil dir der übliche Platz am Navi-Tisch zu unsicher war." Natürlich! Wie recht meine Bordfrau hat. „Sag mal, Skipper, hast du gestern vielleicht zuviel vom Rotwein erwischt?"

Ein Hoch ist besser als ein Tief

Von der Fragwürdigkeit aller (Wetter-)Prognosen

Es liegt in der Natur der Sache, daß Prognosen unsicher sind. Man denke nur an die Börse. Da bekommt man einen todsicheren Tip, daß die Aktien der Firma „Flop" sofort verkauft werden sollten. Man verläßt sich auf die Prognose, eilt zur Bank und gibt den Auftrag, unverzüglich alles zu verkaufen, Verlust spielt keine Rolle, Hauptsache weg mit dem Flop, morgen kann es noch viel schlimmer aussehen. Beruhigt geht man schlafen. Am nächsten Tag liest man die Börsenkurse und siehe, die Aktien der Firma „Flop" sind um das Doppelte gestiegen.

Aber auch in anderen Branchen ist es gelegentlich mit den Prognosen nicht viel besser. Man denke zum Beispiel an die Medizin. Mit ernster Miene verkündet der Hausarzt den auf das Erbe wartenden Anverwandten, daß es dem Großvater leider sehr schlecht gehe und man mit dem Schlimmsten rechnen müsse. Man tue alles, aber den morgigen Tag wird er höchstwahrscheinlich nicht mehr erleben. Die lieben Verwandten kaufen sich noch am gleichen Tag auf Kredit ein neues Auto, weil das Erbe ja nun nicht mehr weit sein kann – doch was tut Gott? Dem Opa geht es plötzlich besser, und als er nach drei Wochen aus dem Spital entlassen wird schenkt er dem Hausarzt eine Flasche besten Rotweins, von denen er während seines Lebens ungefähr 2000 selbst genossen hat und auf die – wie der Hausarzt bereitwillig bestätigt – seine unerwartete Heilung wahrscheinlich zurückzuführen ist.

Grundsätzlich sollte man niemals Prognosen stellen, es ist einfach zu unsicher. Wer berufsmäßig dazu gezwungen ist, wird nach einigen Erfahrungen lernen, daß das Sprechen in Orakeln die einzige Möglichkeit ist, einigermaßen ungeschoren davonzukommen. Die Freunde vom Wetterbericht wissen das ganz genau.

„An der Ostflanke eines langsam nach Süden abziehenden Hochs, das sich weiter verstärkt und seinen Schwerpunkt in das westliche Mittelmeer verlagert, fließt vorübergehend kühle Meeresluft ein, die im Laufe des Tages langsam zur Ruhe kommt und für das Vorhersagegebiet eine vorübergehende Wetterberuhigung mit Sonnenschein und Windstille aber auch die Möglichkeit auffrischender Winde, Niederschlag, gelegentlich auch in Form von Hagel bringt. Mäßige Gewittertätigkeit."

Sie kennen diese Art der Prognosen. Von Sonnenschein über Hagel und Sturm ist da alles drin. Zugegeben, es ist der Bericht über eine Großwetterlage, zugegeben, die Freunde von der Wetterprognose haben es nicht leicht, zugegeben, der liebe Gott macht ja doch was er will und, zugegeben, niemand auf der Welt will sich gerne festlegen – aber diese Art von Wetterbericht ist für uns Segler ohne weitere Hilfsmittel unbrauchbar.

Weil das jeder weiß, wird in den Segelschulen mit viel Mühe gelehrt, wie man sich seine eigene Wetterkarte zeichnen kann, um damit eine Privatprognose zu erstellen. Man ist dann wenigstens selbst schuld.

Das ganze Unternehmen beginnt für jenen Bedauernswerten, der für das Zeichnen der Bordwetterkarte und die Wetterprognose verantwortlich ist (er wird an Bord meist „Wetterfrosch" genannt) bereits um 5.15 Uhr, weil der Wetterdienst von Radio Österreich oder auch die Deutsche Welle um 5.30 Uhr Ortszeit senden. Ich war schon auf mehreren Törns Wetterfrosch und kann sagen, daß es unmöglich ist um 5.15 Uhr aufzuwachen. Entweder man wälzt sich schon ab Mitternacht mehr oder weniger schlaflos in der Koje herum, um nur ja den Wecker nicht zu überhören oder man trinkt einen Gute-Nacht-Schluck, um dann gut ausgeschlafen so gegen neun Uhr von der Sonne, die auf das Schiff brennt, geweckt zu werden. Der Wetterbericht ist dann allerdings schon vorbei.

Als vorausplanender Mensch empfiehlt es sich, bereits am Vorabend alles fein säuberlich für den Empfang der Seewetternachrichten herzurichten, den Radioapparat auf die entsprechende Frequenz des zu empfangenden Senders vorabzustimmen, den Bleistift gespitzt und die Wetterkartenformulare griffbereit zu haben.

Um 5.15 Uhr wälzt du dich, begleitet von den schnarchenden Geräuschen der glücklichen Freunde, die noch weiter schlafen können, aus der Koje und beginnst, die am Vorabend fein säuberlich hergerichteten Dinge vor dir auszubreiten. Dies dauert bis 5.25. Nun ist es Zeit, das am Vorabend auf „Österreich auf Kurzwelle" vorabgestimmte Radio einzuschalten. In voller Lautstärke dringt Popmusik auf türkisch, arabisch oder maltesisch aus dem Lautsprecher, je nachdem, wo du dich gerade aufhältst. Die Spätheimkehrer der lieben Crew haben gestern abend nämlich noch ein wenig Radio gehört.

Nun beginnt die fieberhafte Suche nach der richtigen Frequenz von „Radio Österreich". Wo hat der Skipper nur die Frequenz aufgeschrieben? Inzwischen ist es 5.32. Der Zettel mit der Frequenz ist unauffindbar. Du erinnerst dich aber an 6000-irgend etwas, und so beginnst du fieberhaft ab 5.33 den Sender zu suchen. Bereits um 5.34 tönt dir ein heimatlicher Akzent entgegen: „Nach der Großwetterlage, liebe Hörerinnen und Hörer, noch ein wenig Musik." Johann Strauß' Vater unsterbliche Melodien erklingen, die Großwetterlage hast du allerdings versäumt. Aber nur keine Panik, es kommen noch die Stationsmeldungen an Hand derer du deine eigene Bordwetterkarte zeichnen kannst.

Nachdem du die Frequenz des Senders wie deinen Augapfel gehütet und die Einstellung perfektioniert hast, beginnt der Radiosprecher endlich mit seinen Ansagen. „Almeria, 1030, Südwest 8, fallend. Tunis, 1028, Nordnordost, Windstille, steigend."

Es hat nun überhaupt keinen Sinn darüber nachzudenken wieso bei Windstille in Tunis der Wind aus Nordnordost kommen kann, ob der Ansager spinnt oder du dich verhört hast. Jetzt heißt es mitschreiben, denn kommst du auch nur einmal in Verzug, kannst du die Bordwetterkarte vergessen. Um 5.37 hältst du ein mit vielen Zahlen und Zeichen versehenes Stück Papier in der Hand, auf dem der Luftdruck sowie die Windrichtung und -geschwindigkeit von ganz Europa eingetragen sind.

Soweit so gut. Jetzt kommt der schwierigste Teil des Unternehmens, an dem schon viele angehende Wetterfrösche gescheitert sind und dann auf Steuermann oder Smutje umgesattelt haben. Es müssen die

*„Ich schwör's: der Wetterbericht sprach von leichten Winden
und von wolkenlos und sonnig."*

Zahlen und Zeichen in eine Wetterkarte eingetragen und vor allem die
Isobaren eingezeichnet werden. Isobaren sind bekanntlich Linien gleichen Luftdrucks. Man sollte nun glauben, das Einzeichnen von Isobaren ist nicht so schwierig. Kühn ziehst du eine Linie von Nordafrika
an den Atlantik, weil Algier und Brest gleichen Luftdruck gemeldet
haben. Eine weitere Linie folgt von Lissabon in die Ägäis nach Mytile-
ne, und so geht es munter weiter, bis die Bordwetterkarte aussieht wie
das Gekraxel eines Kleinkindes, dem man zum ersten Mal einen Bleistift zum „Malen" in die Hand gegeben hat.

Die Tatsache, daß nur ganz wenige Segler imstande sind eine Bordwetterkarte zu erstellen, hat sich die Elektronik-Industrie zunutze
gemacht und den sogenannten Wetterfax entwickelt. Das ist ein sehr
sinniges Gerät, welches einem vor allem den 5.15-Uhr-Termin erspart,

weil sich das Ding von selbst einschaltet und nach kurzem Knacken und Schaben eine fertige Bordwetterkarte, ja sogar eine Prognosekarte ausspuckt.

Die Interpretation dieser Papiere ist allerdings nicht ganz einfach und wird vielfach nicht ausschließlich nach wissenschaftlich-meteorologischen Erkenntnissen vorgenommen, sondern ist dem Temperament und der momentanen Stimmung des „Wetterfrosches" in hohem Maße unterworfen. Meiner langjährigen Erfahrung nach lassen sich bei der Interpretation der Bordwetterkarte mehrere Typen von Seglern unterscheiden.

1. *Der Optimist oder der Kümmer-dich-um-nichts-Typ.* Dieser Typ studiert die Bordwetterkarte oberflächlich und meint, unter Verwendung einer geringschätzigen Handbewegung: „Wetter ist dazu da, um ausgesegelt zu werden. Wie's kommt so kommt's. Gar nicht drum kümmern. Ablegen und raus aus dem Hafen." Dem Kümmer-dich-um-nichts-Typ darf man daher bezüglich Wetterprognose nicht unbedingt Glauben schenken.

2. *Der Pessimist oder der Überall-ist-ein-Tief-Typ* befaßt sich außerordentlich intensiv mit der Bordwetterkarte und findet im Raum Europa und der angrenzenden Meere immer ein Tief. Dieses wird nun in allen nur denkbaren Zugrichtungen verfolgt, solange, bis es endlich dorthin zieht, wohin man selbst segeln möchte. Die stetigen Redewendungen des Überall-ist-ein-Tief-Typs sind: „Das Tief wird uns sicher einholen. Ihr werdet schon sehen. Der Sonnenschein wird nicht mehr lange dauern, die Schäfchen dahinten sind wahrscheinlich schon die Warmfront. Warten wir lieber bis auf den nächsten Wetterbericht." Klar, daß wieder irgendein Tief auffindbar sein wird. Dem Überall-ist-ein-Tief-Typ darf man daher auch nicht glauben.

3. *Der Vorsichtige oder Orakel-Typ* ist unter den Berufs- und Privatmeteorologen der verbreitetste. Er zeichnet die Bordwetterkarte sorgfältig und antwortet auf die Frage des Skippers, wie denn das Wetter so werden wird: „Ja, die Wetterlage ist heute besonders schwierig zu beurteilen. Das Tief über der Biskaya ist für uns hier in Griechenland wahrscheinlich nicht wetterwirksam, und es bleibt sonnig und schön bei wenig Wind, außer es bewirkt eine Kaltluftströmung an seiner

Ostseite, dann können wir natürlich auch einen Temperatursturz, starke Bewölkung und Gewitter, ja sogar Hagelschauer erwarten. Abhängig ist das Ganze natürlich von der Menge der Kaltluft, die hier vielleicht herangeführt wird, man kann das natürlich nicht so genau sagen. In so einer Situation ist alles drin, Skipper, verstehst du?" Der Skipper versteht. Dem Orakel-Typ kann man alles glauben – nur es besagt nichts.

Was kann man nun tun? Man kann sich an bewährte Wetterregeln halten. So zum Beispiel: „Kommt der Regen vor dem Wind, zurre alles fest geschwind. – Kommt der Wind schon vor dem Regen, Skipper kann sich schlafen legen."

Auch die Wetterdeutung an Hand einer Betrachtung der Glatze des Skippers kann sehr aufschlußreich sein: trocken = Wind; feucht = Regen; schweißglänzend = Sonnenschein.

Am sichersten ist die Bordwetterprognose natürlich, wenn man Informationen Einheimischer zu Rate zieht. Da gibt es in jeder besseren Capitainerie den „Meteo", wo man die Wetterprognose abfragen kann. In Nordafrika könnte sich das beispielsweise so abspielen:

Segler: „Schönen guten Morgen, lieber Herr Hafenkapitän."

Hafenkapitän: „Assalam aleikum."

Segler: „Good morning."

Hafenkapitän: „Hello."

Segler: „You have a weather chart?"

Hafenkapitän (grinst freundlich): „Shukra."

Segler: „Weather chart, you know? Sun, wind, rain. We need a weather chart."

Hafenkapitän: „Yes."

Segler (bereits leicht verzweifelt): „Please, Wetterkarte, sunshine, weather chart, our skipper needs a weather chart."

Hafenkapitän: „Bakschisch."

Segler (zückt einen Geldschein): „O. k. Now, how is the weather?"

Hafenkapitän (nimmt den Geldschein, grinst über das ganze Gesicht, deutet auf den blauen Himmel und die strahlende Sonne): „Fine."

Wenn alle Stricke reißen – Seewetterbericht versäumt, Wetterfax kaputt, Wetterfrosch betrunken und Hafenkapitän unbestechlich –

gibt es noch einen letzten meteorologischen Ausweg – die Wolken. Als Anfänger glaubt man es nicht, aber es gibt rund 25 verschiedene Wolkenarten – und angeblich kann man sie auch zur Wetterprognose gebrauchen. Das ist so leicht wie die übrige Meteorologie und zumindest genauso verläßlich. Ein wesentliches Indiz zur Diagnose einer Wolke ist die Höhe in der sie sich aufhält. So befindet sich ein simpler „Stratus" in 1–2 km Höhe, ein „Altostratus" schon in 4–5 km und ein Cirrostratus gar in 8–9 km Höhe. Man glaubt gar nicht, wie schwer es ist die Höhe einer Wolke zu schätzen. Und zu allem kommt dann noch dazu der „Nimbostratus", jene niedliche Wolke befindet sich in 1–8 km Höhe.

„Du, Skipper, ich bin sicher, wir bekommen schlechtes Wetter." Ein einziges Mal war ich mit einem unbezahlbaren Wetterfrosch unterwegs, er hatte kein Wetterfax, stand auch nicht um 5.15 Uhr auf, um die Nachrichten zu hören, er hatte nicht einmal ein Kurzwellenradio, er fragte keinen Hafenkapitän, und seine Prognose stimmte doch immer ganz genau. Er war ein sehr netter Kerl, der leider Rheuma hatte, das ihn manchmal quälte, und zwar exakt immer dann, wenn Schlechtwetter und Sturm zu erwarten waren. Der Mann war der beste Wetterfrosch, den man sich vorstellen kann.

Wer kümmert sich schon um die Leber?

Von den wahren Gesundheitsrisiken des Segelns und der Funktion eines Bordarztes

Es ist schon sehr interessant. Fragt man die Menschen nach dem höchsten Gut, das sie nennen können, so antworten mindestens 99% mit „die Gesundheit". In Wirklichkeit spielt Gesundheit aber eine sehr untergeordnete Rolle. Wenn jemand zum Beispiel mit seinem Auto von A nach B fährt, ist es vordergründig wichtig, daß dies möglichst rasch geschehe, weiter ist es von Bedeutung, den ebenfalls von A nach B wollenden Mitmenschen möglichst abzuhängen, an die Gesundheit, beziehungsweise deren Verlust durch zu rasches und daher unfallträchtiges Autofahren denkt kaum jemand.

Das Hauptproblem ist: Gesundheit merkt man nicht. Man erkennt erst ihr Fehlen. Dies macht die eigenartige Rolle aus, welche die Gesellschaft ihren Ärzten beimißt. Die meisten Menschen achten und schätzen den Arzt, da das Fehlen von Gesundheit zu den größten Übeln gehört und der Arzt imstande ist, diese wieder herzustellen. Ist der Mensch aber jung und gesund, ja, kennt er das Fehlen dieses Gutes noch gar nicht, wird der Arzt alles andere als geschätzt.

Ist er nicht ein Mensch, der am Unglück anderer verdient? Ist er nicht jemand, der nur darauf wartet, daß es anderen schlecht geht? Ist er nicht jemand, der mit fremden und unverständlichen Worten spricht und dich mit geheimnisvollen Riten und noch geheimnisvolleren Drogen traktiert, zwar zu deinem Besten, aber fremd und unverständlich bleibt es. Und ist der Arzt nicht ein Mensch, dem zu entkommen nicht möglich ist? Will ich nichts mit einem Architekten zu tun haben, dann baue ich kein Haus. Will ich nichts von einem Rechtsanwalt wissen, dann verhalte ich mich entsprechend. Den Arzt mag in seiner Funktion wirklich niemand auf der Welt – vermeiden kann man ihn meist leider nicht. Nicht einmal an Bord.

„Wir müssen eine tote Ratte an Bord haben." „Wieso?" „Ja riechst du denn nichts? Hier stinkt es seit zwei Tagen penetrant, und es wird ärger!" Ich ziehe die Luft durch meine Nase – tatsächlich, es riecht etwas eigentümlich.

An irgend etwas erinnert mich dieser Gestank, ich kann aber noch nicht erkennen woran. Sollte tatsächlich eine tote Ratte an Bord sein, so muß diese natürlich entfernt werden; in dieser Beziehung stimmte ich mit meiner Bordfrau absolut überein. Also begebe ich mich auf die Suche.

Tote Ratten halten sich gewöhnlich bei den Lebensmitteln auf, die sie fressen wollen und dabei infolge Altersschwäche oder Verdursten sterben. Also durchsuche ich zuerst die Pantry mit allen ihren Schapps. Interessanterweise ist der Gestank hier nicht einmal so schlimm, und eine tote Ratte läßt sich nicht auffinden. Ich versuche es auf beiden WCs, aber auch dort ist der Geruch eher normal. Auch Bilge und Vorschiff sind unauffällig. Das verdammte Nagetier wird doch nicht die Frechheit besessen haben und in meiner eigenen Kabine...?

Ich öffne die Tür zu meiner und meiner Bordfrau Koje, und es schlägt mir doch tatsächlich der verhaßte Geruch mit verstärkter Intensität entgegen. Also, dann die Bodenbretter hoch! Nichts. Ich durchsuche die Matratzen und die Wände des Schiffes, kein Winkel der Kabine bleibt unerforscht. Das verfluchte Tier wird doch nicht in eines der Schapps gekrochen sein in denen wir die Leibwäsche stauen. Ich öffne das erste und da schlägt mir der Geruch nun ungefiltert entgegen. Ich kann allerdings keine tote Ratte sehen, vielmehr erkenne ich einen ehedem weißen, nun grauen mir gehörenden gebrauchten Socken, den ich offenbar vergessen habe in einen luftdichten Nylonsack zu geben, wie ich das sonst mit gebrauchten Socken mache.

Diese kleine Episode zeigt, wie es um die hygienischen Verhältnisse an Bord einer Yacht bestellt ist. Jahrhunderte hat die Menschheit gebraucht, um zu den Errungenschaften der heutigen Hygiene zu kommen. An Bord einer Segelyacht, auf der zugegebenermaßen Wasser meist Mangelware ist, herrschen jedoch heute noch ähnliche Zustände wie zu Zeiten der großen Entdecker.

„Ich gehe jetzt duschen!", vermeldet ein meist weibliches Crewmitglied, und die Art und Weise, wie sie das sagt, läßt darauf schließen, daß sie eine halbstündige Duschorgie vorhat.

Nach kurzem Blick auf das entsprechende Instrument vermeldet der Skipper: „Der vordere Backbordtank ist schon leer und im Steuerbordtank ist auch nicht mehr viel drin. Wir könnten beidrehen und alle springen kurz ins Meer. Davon wird man auch sauber." „Wird man nicht", behauptet das weibliche Crewmitglied. Wortlos übergibt ihr der Skipper ein kleines Plastikfläschchen, darauf steht „Seewasserseife". „Das ist barbarisch, und außerdem verschmutzt man damit das Meer", meint die Weiblichkeit. „Na, und wohin glaubst du, fließt dein Duschwasser?" ätzt der Skipper. „Das Salzwasser bleibt aber an der Haut, und die beginnt dann zu jucken", wird als neues Argument gegen das Meerbad und für das Duschen an Bord angeführt. Der Skipper schmettert dies mit einem „na und" ab und gibt noch als Trost mit, „daran gewöhnt man sich". „Aber meine Haare!" So, jetzt ist das Hauptargument raus, und dem kann der Skipper, dessen Scheitel schon bedrohlich gelichtet ist, nun nichts mehr entgegenhalten.

Klarer Fall: Sie sollten jeweils nur so viele Damen auf den Törn mitnehmen, wie es die Kapazität Ihres Wassertanks zuläßt.

Auch die Essenszubereitung spielt bei der Betrachtung der hygienischen Verhältnisse an Bord einer seegehenden Yacht eine große Rolle. Wenn man das Glück hat, eine Dame als Smutje mitzuhaben, wird wahrscheinlich alles in Ordnung sein. Dient jedoch zum Beispiel mein Freund Olaf als Koch, dann wird ihm der Teller mit den Frühstücksbroten auf die Planken des Bodens fallen, und möglicherweise tritt er sogar auf eines drauf. Dann werden die Frühstücksbrote wieder fein säuberlich auf den noch intakten Plastikteller gelegt und der Crew serviert. So ähnlich muß es auf der „Bounty" gewesen sein.

Die Schiffahrt ist seit altersher dafür bekannt, daß dort Flüssigkeiten verkonsumiert werden, die der Gesundheit nicht besonders zuträglich sind. Leberleiden spielen somit in der Geschichte der Seefahrer eine große Rolle. „Early-morning-beer", „Sundowner" und „Gute-Nacht-

Schluck" sind nur einige Termini aus der modernen Seemannssprache für einschlägige Angriffe auf das Leberorgan. Während die genannten Fachausdrücke sich hauptsächlich auf den Zeitpunkt der Einnahme von Bier, Wein und Schnaps beziehen, leitet sich die Bezeichnung „Manöverschluck" von der Tätigkeit her, zu der das Erwähnte eingenommen wird. Aus der Anzahl der geleerten Flaschen kann man am Ende des Törns unschwer nachweisen, wieviele Manöver erfolgreich gefahren wurden. Streng genommen gilt der Manöverschluck nur für das Ankermanöver sowie für Wenden und Halsen. Ich habe aber schon Crews erlebt, die aus jedem Dichterholen des Vorsegels um acht Zentimeter oder Abfallen des Rudergängers um drei Grad ein Manöver machten mit der Notwendigkeit entsprechenden Ausschanks.

Der Erholungswert von Seereisen gilt als bedeutend. Wer diese Meinung vertritt, hat noch niemals eine unruhige und verregnete Nacht auf einem Segelboot bei Windstärke 9 verbracht.
Die Kleidung ist feucht, die Koje ist feucht, und die Polster der Sitzbank sind feucht. Insgesamt ergibt dies ein Raumklima, wie es der Rheumatismus gern hat.
Gott sei Dank scheint am nächsten Tag meist wieder die Sonne und man kann sich von ihren warmen Strahlen bescheinen lassen. Bekanntlich sind Sonnenstrahlen leider nicht nur angenehm warm, sie enthalten auch jede Menge Ultraviolett-Licht, welches neben der beneidenswerten Bräune auch Falten und Hautkrebs hervorruft. Jeder Hautarzt kennt die sogenannte „Seemannshaut", welche durch viele Pigmentflecken und tiefe Falten gekennzeichnet ist.
Zusammenfassend, wen wundert es nun noch, wenn auf alten Bildern ein lange gedienter Seemann dargestellt wird mit der oben erwähnten Haut, von Rheuma krummgezogen und sich den rechten Oberbauch etwa in der Lebergegend haltend. Zweifellos sind Boccia, Schachspielen und Golf gesünder als Segeln, aber ehrlich, wer möchte schon tauschen?

Sollten Sie zufällig Arzt sein, lesen Sie den folgenden Abschnitt sehr aufmerksam – Sie können manches daraus lernen. Sollten Sie kein

Arzt sein, lesen Sie ihn noch aufmerksamer, Sie werden Ihren künftigen Bordarzt besser verstehen lernen.

„Soll ich irgendwelche Medikamente auf den Törn mitnehmen?" So
fragt der verantwortungsbewußte Arzt die Crew bei einer der Crewbesprechungen. „Wer braucht schon Medikamente?" ist eine mögliche
Antwort. Eine andere wäre: „Ja, fünf Flaschen Rum." Als erfahrener
Arzt weiß man, daß ein gewisser Grundstock an Bordapotheke doch
nicht schaden kann und richtet sich einen kleinen Seesack ein mit
Medikamenten gegen Kopfschmerzen, Zahnschmerzen, Menstruati-
onsschmerzen, Bauchschmerzen, Fußschmerzen, Gesäßschmerzen,
Rückenschmerzen, Brustschmerzen und so weiter.

Der kleine Seesack muß leider gegen einen größeren getauscht werden
als du nun auch noch beginnst, ein paar Infusionen mit Nadeln, Sprit-
zen und allem, was so dazugehört, einzupacken. Schließlich wäre
noch die Frage der chirurgischen Eingriffe zu klären. Nimmst du eine
einfache Pinzette, brauchst du auch ein Skalpell, nimmst du ein Skalpell, ist ein Lokalanästhetikum notwendig. Packst du dieses ein, solltest du etwas gegen allergischen Schock dabeihaben, etwa eine Beat-
mungsmaske. Willst du diese auch mitnehmen, wären ein Intuba-
tionsset, ein Röntgenapparat und eine Krankenschwester angezeigt.
Da du das alles auch in deinen größten Seesack nicht hinein-
bekommst, beschließt du, die Pinzette und das Skalpell zu Hause zu
lassen und packst statt dessen eine Flasche Rum ein.

Ich sage Ihnen, Sie können einpacken was Sie wollen, irgend etwas
fehlt immer. Hast du Mittel gegen alle Arten von Schmerzen,
bekommt niemand Schmerzen, dafür aber Durchfall. Hast du etwas
dagegen, wird die Crew Stuhlverstopfung plagen und solltest du auch
dafür gerüstet sein, bekommt wahrscheinlich jemand Masern. Hast du
dagegen kein Hyperimmunglobulin mit, wird dich die Crew fragen,
warum du dieses nicht eingepackt und dafür die Flasche Rum lieber
zu Hause gelassen hättest.

Immer noch habe ich Verbandsmaterial jeder Art benötigt. Für wunde
Zehen, die sich die Crew schlägt, wenn sie bloßfüßig an Bord herum-
geht; für wunde Köpfe, die man sich im Niedergang oder bei einer
kleinen Meinungsverschiedenheit in einer Kneipe holt; für Verbren-

nungen beim Kochen und für Wehwehchen aller Art. Auch wenn das Wehwehchen gar keinen Verband benötigt, ist er einmal angelegt, fühlt sich der Patient schon besser und wird dankbar den Apotheken-Rum annehmen.

Drum schätzt und pflegt euren Bordarzt, er gibt sich wirklich Mühe, für alles, was da so an gesundheitlichen Schäden beim Segeln kommen kann, gerüstet zu sein. Und sollte, Gott bewahre, einmal euer Bordarzt krank sein, er ist auch nur ein Mensch. Legt ihm einen Verband an, wo, ist egal, er wird sich dann gleich besser fühlen und sich dankbar den von euch angebotenen Schluck Rum einverleiben.

Segeln bei Windstärke 10

Von der Fähigkeit, ein Seemannsgarn kunstvoll zu spinnen

„Du sollst dein Licht nicht unter den Scheffel stellen", so steht es schon in der Bibel. Wie aber macht man es eigentlich, das Licht nicht unter den Scheffel zu stellen? Die Sache ist recht einfach. Man muß nur die eigenen Leistungen mit allen Möglichkeiten und eiserner Konsequenz möglichst stark beleuchten und betonen. Seefahrer sind in dieser Disziplin in aller Regel und seit altersher große Meister. Ihr konsequentes Bemühen bezeichnet man seit mehreren Jahrhunderten als „Seemannsgarn".

„Also, ich sage euch Leute, die Straße von Bonifacio ist ein Hammer. Noch dazu bei den Bedingungen, wie wir sie befuhren. Ich sage euch, es hat gefetzt, gefetzt hat es, sage ich euch, gefetzt mit Windstärke 10, in den Böen 11 bis 12. Aber meine Crew, sage ich euch, großartig. Die haben Wellen von 12 Meter Höhe abgewettert wie nichts; wie nichts, sage ich euch."

So ähnlich verlaufen sehr viele Erzählungen von Urlaubstörns, wenn die Urlauber wieder im Club zurück sind. Niemand glaubt diese Erzählungen wirklich, am wenigsten die Mitglieder der Crew des Erzählers, aber sie nicken dennoch zustimmend, während das Seemannsgarn abgespult wird.

Die kleinen Übertreibungen nehmen Segler nicht wirklich ernst und Zuhörer, die womöglich noch nie eine Nacht auf einem Segelboot verbracht haben, sind begeistert. Obwohl die meisten Skipper – sieht man die Sache objektiv – lügen wie gedruckt, wird es im allgemeinen auch von denen, die sich auskennen, nicht als Lüge gewertet – denn Seemannsgarn ist eine besondere Art der liebenswürdigen Übertreibung.

Über eines muß man sich natürlich im klaren sein: man muß die Technik des Erzählens von Seemannsgarn beherrschen. Kann man es nämlich nicht und schildert seinen Törn so wie er wirklich war, halten dich die Zuhörer für einen kompletten Schnarchsack, weil sie von deiner wahren Erzählung die gewohnten Übertreibungen abziehen. Sagst du also wahrheitsgemäß, „es hatte vier Windstärken", glauben deine Zuhörer, du hast deinen Urlaub in einer einzigen Flaute verbracht.

Seemannsgarn spinnt man am besten am Abend, wenn es dunkel ist. Je später desto besser. Die Kritikfähigkeit der Zuhörer hat dann schon etwas nachgelassen und kann durch die Verabreichung geistiger Getränke weiter herabgesetzt werden. Um im Spinnen von Seemannsgarn erfolgreich zu sein, hier zehn goldene Regeln. Wenn Sie sich danach richten und ein bißchen proben, werden Sie bei Ihrer nächsten Märchenstunde im Club großen Erfolg haben.

1. *Warte bis du gefragt wirst.*
Fange also niemals von dir aus an, die Erlebnisse von deinem Törn anzubieten, sondern warte bis dich jemand danach fragt. Die Frage kommt ganz bestimmt, denn worüber soll man sonst abends im Segelclub reden?

Sollte sich wider Erwarten niemand für deine Erlebnisse interessieren, kannst du deinen Törn dennoch unterschwellig anbieten, indem du den deines Gesprächspartners hinterfragst. Das klingt ziemlich kompliziert, ist aber ganz einfach und geht etwa so:

„Hattest du in der Ägäis auch etwas von dem Sturm abbekommen, der bei uns in der Straße von Messina vier Schiffe zerstört hat?" In neun von zehn Fällen fragt dein Gesprächspartner nun: „Was, vier Schiffe?" Und damit kannst du nun nach Herzenslust Seemannsgarn spinnen. Halte dich aber an die weiteren Regeln.

2. *Weigere dich vorerst überhaupt etwas zu erzählen.*

Nachdem du nun endlich gefragt worden bist, weigere dich vorerst etwas zu erzählen, indem du mit ernster Stimme sagst: „Eigentlich will ich darüber lieber nicht reden, ihr würdet mir ja doch nicht glauben." Diese Bemerkung gibt dir den Anstrich von Seriosität und steigert die Erwartungshaltung deiner Zuhörer ins Unermeßliche. Jetzt wirst du nämlich bestürmt, ja nahezu gezwungen, doch endlich zu schildern, wie es war, und du hast jetzt sozusagen die offizielle Erlaubnis, Seemannsgarn nach Herzenslust abzuspulen.

3. *Vermeide plumpe Übertreibungen.*

„Also, Freunde, wir waren von Jesolo nach Caorle unterwegs und da erwischte uns ein Mistral mit 12 Beaufort und Wellen so hoch wie das Empire Building."

Diesen Unsinn glaubt kein Mensch. Plumpe Übertreibungen bei der Abspulung von Seemannsgarn werden, so wie alles Plumpe im Leben, zu Recht abgelehnt. Das Entscheidende beim Seemannsgarn ist, daß es auch stimmen könnte, der Zuhörer weiß nicht so recht, ob es nur ein wenig übertrieben ist oder tatsächlich stimmt.

Solltest du tatsächlich diesen wenig lohnenden Schlag von Jesolo nach Caorle gemacht haben, könntest du statt der oben angeführten plumpen Übertreibung etwa sagen: „Also, Freunde, wir fuhren von Jesolo nach Caorle, nichts besonderes, aber diesmal war der Teufel drin. Kaum zwanzig Seemeilen vom Land weg begann es zu blasen, daß uns Hören und Sehen verging. Mein Coskipper meinte, es wären 12 Beaufort, waren es aber nicht, höchstens in den Böen, sonst 10 bis 11. Ihr kennt ja die See im Mittelmeer, eher ruppig mit Wellen nicht höher als fünf Meter. Also da kam plötzlich ein Kaventsmann auf uns zu, daß man glauben könnte, das Empire Building kann auch nicht größer sein, aber natürlich war diese Welle höchstens 12 Meter." – Das klingt doch schon viel professioneller, oder?

4. *Sprich die Dinge nicht direkt an, sondern laß die Zuhörer folgern.*

Dies ist von allergrößter Bedeutung, wenn du deinem Bericht einen Schuß Glaubwürdigkeit geben willst. Was der Zuhörer sozusagen selbst erarbeitet, daran glaubt er auch. Ein Beispiel möge diese Technik erläutern.

Schlechte Technik: „Also, Leute, es blies mit 10 Windstärken." Das glaubt kein Mensch.

Gute Technik: „Also, Leute, da kam Wind auf, daß uns Hören und Sehen verging. Das Wasser war nicht mehr blau sondern weiß und die Gischt flog um uns herum. Was glaubt ihr, wieviel Windstärken das waren?"

Die Zuhörer werden jetzt, wenn sie etwas gelernt haben, sagen: „Ja, mindestens 11."

Du antwortest darauf: „Nein, 11 wäre übertrieben, 10 waren es aber sicherlich."

Ein weiteres Beispiel:

Schlechte Technik: „Ich sage euch, die Wellen waren über sechs Meter hoch." Das ruft höchstens Widerspruch hervor. Man wird dich fragen, wie du das gemessen hast und dir nachweisen, daß es im angegebenen Seegebiet sechs Meter hohe Wellen gar nicht gibt. Besser geht es wie folgt:

Gute Technik: „Ich sage euch, Freunde, Wellen waren das! Wenn wir im Wellental waren, war es total windstill, weil die Wellen höher waren als der Mast unserer 45er. Ich kann heute noch nicht sagen, wie hoch die Wellen wirklich waren. Was meint ihr?"

„Der Mast einer 45er ist mindestens acht Meter hoch", wird dir ein Zuhörer ungewollt assistieren.

„Also acht Meter meinst du?" fragst du darauf. „Mindestens", antwortet man dir. „Na ja, du mußt es wissen", gibst du ihm recht und hast damit zwei Meter Wellenhöhe gegenüber der schlechten Technik gewonnen.

5. *Frage stets was die Zuhörer an deiner Stelle getan hätten.*
Du läßt so die Zuhörer das Problem, das du selbst nicht erlebt hast, lösen. Durch diesen einfachen Trick wird deine etwas übertriebene Schilderung plötzlich glaubhaft. Zum besseren Verständnis wieder ein Beispiel.

Schlechte Technik: „Also, Freunde, da bricht mir doch bei Windstärke 10 ein Want. Ich lasse sofort das Schiff durch den Wind gehen, um die Seite zu entlasten und repariere das gebrochene Want mit einer Nottalje." So glaubt dir das kein Mensch. Das klingt wie aus dem Lehrbuch. Besser geht es folgendermaßen:

Gute Technik: „Also, Freunde, ich fahre so mit allen Reffs, die wir hatten, und dennoch wurden wir wie von einer Riesenfaust geschüttelt. Da bricht doch tatsächlich mit lautem Knall ein Want. Was hättet ihr an meiner Stelle getan?"

„Sofort durch den Wind gehen und anschließend mit einer Nottalje das gebrochene Want reparieren", wird dir ein Gescheiter antworten. Darauf sagst du nur mehr: „Das war 'n Ding." Mehr nicht – und alle werden dir die Geschichte glauben.

6. *Lobe stets die Crew.*
Das ist eine ganz besonders wichtige Sache. Du mußt bei allem Seemannsgarn stets kräftig die Crew loben, ohne deren Einsatz und Können und Umsicht und Kraft und Ausdauer und, und, und... du niemals all die tollen Sachen hättes erleben können.

Die Belobigung der Crew klingt einerseits gut, vor allem aber halten die anwesenden und solcherart gelobten Crewmitglieder dicht und verraten dein Seemannsgarn nicht.

7. *Benutze ausgiebig die Technik des Understatements.*
Damit befindest du dich in bester Gesellschaft. Die ernsthafte Seglerliteratur, beispielsweise über Abenteuer bei der Umsegelung von Kap Hoorn, ist voll von Understatements, die – geschickt eingesetzt – sehr wirksam sind.

Zum Beispiel: „Also, was die Leute immer von der Gefährlichkeit der Straße von Gibraltar erzählen stimmt doch wirklich nicht. Zugegeben, du hast meist Sturm, und die Strömung ist schneller als deine Rumpfgeschwindigkeit, aber wenn du nur lang genug auf gutes Wetter wartest, geht es ganz einfach. Du mußt natürlich alles gerefft haben und die Lenzpumpen auf Dauerbetrieb, weil die Seen einfach ständig überkommen. Aber sonst ist es völlig unproblematisch."

8. *Schildere Details, die deine ungeheure Erfahrung zeigen und damit dein Seemannsgarn glaubwürdiger machen.*

Sagst du zum Beispiel: „Also, sollet ihr je einmal die Iles Lavezzi von Westen aus anlaufen, was ich euch nicht empfehle, haltet unbedingt 14 Grad nördlicher als der Kartenkurs und laßt euch von den in der Karte eingezeichneten Untiefen nicht stören, sie sind schon weggesprengt worden", hält man dich für einen Spezialisten und wird dir auch das nun folgende Seemannsgarn eher glauben.

9. *Vergleiche die markantesten Stellen deines Törns mit Kap Hoorn.*

„Also, wir scheuten uns nicht um die Südspitze von Santorin, das Kap Hoorn der Ägäis, zu fahren." Allein die Erwähnung des berüchtigsten Seegebiets der Erde wird dir Tür und Tor für jede Art von Seemannsgarn öffnen.

10. *Sprich immer den Unerfahrensten unter deinen Zuhörern an.*

Je unwahrscheinlicher dein Garn ist, um so mehr mußt du mit starkem Auge deinen Zuhörer fixieren. Tue dies aber beim unerfahrensten. Fixierst du nämlich einen alten Hasen, wird dir dieser heimlich den Vogel zeigen. Heimlich deswegen, weil er dich nicht desavouieren möchte. Er will doch auch bei der nächsten Gelegenheit Seemannsgarn von sich geben…

Zum Schluß dieses sehr wichtigen Kapitels praktischer Seemannschaft noch ein kleiner Schatz von Redewendungen, die du beim Erzählen von Törnerlebnissen jederzeit parat haben solltest:

„Was heißt hier Lage. Der Mast fuhr praktisch parallel zum Wasser."

„Die Wellenhöhe ließ sich schwer schätzen. Ich weiß nur mehr, daß wir drei Minuten bis zum Wellenkamm hinauffuhren."

„Die Hafeneinfahrt von… ist Wahnsinn, Wahnsinn, sage ich euch, der pure Wahnsinn."

„Die Windstärke? Kann ich nicht mehr sagen, hatte alle Hände voll zu tun zwischen Brechern und Klippen hindurchzusteuern."

Sternstunden eines Seglerlebens

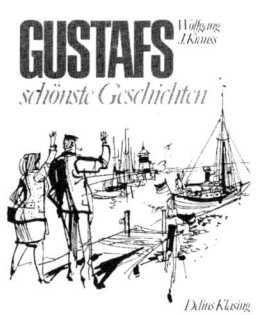

120 Seiten,
23 Zeichnungen
von K. Schmischke,
gebunden
ISBN 3-7688-0768-1

Erhältlich im Buch-
und Fachhandel

„Sachen gibt's, die gibt's eigentlich gar nicht. Die kann man nur
hinter der vorgehaltenen Hand
erzählen. So zum Beispiel wo
und wie Gustaf den diesjährigen
Sommerurlaub verbracht hat
und warum die SINDBAD ohne
ihren Skipper…"
Humorvolles und Menschliches
von Wolfgang J. Krauss, der in
ergötzlichen Geschichten von
den Segelabenteuern des Skippers Gustaf zu berichten weiß.

 DELIUS KLASING

Vergnügliche Stunden mit Mike Peyton

ISBN 3-7688-0960-9   ISBN 3-7688-0813-0

ISBN 3-7688-0752-5   ISBN 3-7688-0232-9

DELIUS KLASING